Delícias na Forma

Descubra o Mundo da Confeitaria e Surpreenda com Bolos Irresistíveis Feitos em Casa

Beatriz Costa

Índice

Mousse Gâteau de Morango

Para um bolo de 23 cm/9

Para o bolo:

100 g/4 onças/1 xícara de farinha com fermento

100g/4oz/½ xícara de manteiga ou margarina, amolecida

100g/4oz/½ xícara de açúcar duro (superfino)

2 ovos

Para a mousse:

15 ml/1 colher de sopa de gelatina em pó

30 ml/2 colheres de sopa de água

450g/1kg de morangos

3 ovos separados

75g/3oz/1/3 xícara de açúcar em pó (superfino)

5 ml/1 colher de chá de suco de limão

300 ml/½ pt/1¼ xícara de creme duplo (pesado)

30ml/2 colheres de sopa de amêndoas laminadas (fatiadas), levemente tostadas

Bata os ingredientes do bolo até ficar homogêneo. Despeje em uma forma untada e enfarinhada de 23cm/9 (assadeira) e asse em forno pré-aquecido a 190°C/375°F/gás marca 5 por 25 minutos, até dourar e firmar ao toque. Retire da forma e deixe esfriar.

Para preparar a espuma, polvilhe a gelatina com água em uma tigela e deixe ficar esponjosa. Coloque o recipiente em uma panela com água quente e deixe até dissolver. Deixe esfriar um pouco. Enquanto isso, amasse 350g/12oz de morango e passe por uma peneira (coador) para retirar os caroços. Bata as gemas e o açúcar até ficarem claros e espessos e a mistura desgrudar do batedor em forma de fitas. Misture o purê, o suco de limão e a gelatina. Bata o creme até ficar firme e misture metade dele na mistura. Usando um batedor limpo e uma tigela, bata as claras em picos firmes, que são então misturados à mistura.

Corte o biscoito ao meio na horizontal e coloque uma metade no fundo de uma assadeira limpa (assadeira) forrada com filme plástico (filme plástico). Corte os morangos restantes e espalhe-os sobre o biscoito, depois despeje sobre o creme aromatizado e por último a segunda camada do bolo. Pressione muito suavemente. Leve à geladeira até definir.

Para servir, vire o bolo em um prato de servir e retire o filme plástico (filme plástico). Decore com o restante creme e decore com amêndoas.

Noite de Natal

Faz um

3 ovos

100g/4oz/½ xícara de açúcar duro (superfino)

100 g/4 onças/1 xícara de farinha comum (para todos os fins)

50g/2oz/½ xícara de chocolate meio amargo ralado

15 ml/1 colher de sopa de água quente

Açúcar de ferro (superfino) para enrolar

Para o esmalte (esmalte):
175 g/6 onças/¾ xícara de manteiga ou margarina, amolecida

350g/12oz/2 xícaras (de confeiteiro) de açúcar peneirado

30 ml/2 colheres de sopa de água morna

30 ml/2 colheres de sopa de cacau (chocolate sem açúcar) em pó Para decorar:

Folhas de azevinho e robin (opcional)

Bata os ovos e o açúcar em uma tigela resistente ao calor, que é colocada sobre uma panela com água levemente fervente. Continue batendo até que a mistura fique firme e saia do batedor em tiras. Retire do fogo e bata até esfriar. Misture metade da farinha, depois o chocolate, depois o restante da farinha e depois a água. Despeje em uma assadeira untada e enfarinhada (forma de gelatina) e asse em forno pré-aquecido a 220°C/425°F/gás marca 7 por cerca de 10 minutos, até ficar firme ao toque. Polvilhe uma folha grande de papel oleado (encerado) com açúcar de confeiteiro. Vire o bolo da forma para o papel e apare as bordas. Cubra com outra folha de papel e enrole frouxamente a partir da borda curta.

Para a cobertura, bata a manteiga ou margarina e o açúcar em pó, depois bata a água e o cacau. Desembrulhe o bolo frio, retire o papel e espalhe metade da cobertura sobre o bolo. Abra novamente, pincele com o restante do glacê e marque com um garfo para que fique parecido com um tronco. Peneire um pouco de açúcar de confeiteiro por cima e decore a gosto.

bolo de Páscoa

Para um bolo de 20 cm/8

75 g/3 onças/1/3 xícara de açúcar mascavo

3 ovos

75 g/3 oz/¾ xícara de farinha com fermento

15 ml/1 colher de sopa de cacau (chocolate sem açúcar) em pó

15 ml/1 colher de sopa de água morna

Para o recheio:

50 g/2 onças/¼ xícara de manteiga ou margarina, amolecida

75 g/3 onças/½ xícara (de confeiteiro) de açúcar, peneirado

Para o curativo:

100 g/4 onças/1 xícara de chocolate meio amargo

25 g/1 oz/2 colheres de sopa de manteiga ou margarina

Fita ou flores de açúcar (opcional)

Bata o açúcar e os ovos juntos em uma tigela refratária colocada sobre uma panela com água fervendo levemente. Continue batendo até a mistura ficar espessa e cremosa. Deixe descansar por alguns minutos, retire do fogo e bata novamente até que a mistura não deixe marcas quando o batedor for removido. Adicione a farinha e o cacau e, em seguida, misture a água. Despeje a mistura em uma forma de 20 cm/8 untada e enfarinhada e em uma forma de 15 cm/6 untada e enfarinhada. Asse em forno pré-aquecido a 200°C/400°F/gás marca 6 por 15-20 minutos, até crescer bem e ficar firme ao toque. Deixe esfriar sobre uma gradinha.

Para preparar o recheio, misture a margarina e o açúcar em pó até formar uma espuma. Use para colocar bolos menores em cima dos maiores.

Para fazer a cobertura, derreta o chocolate e a manteiga ou margarina em uma tigela refratária sobre uma panela com água fervendo levemente. Despeje a cobertura sobre o bolo com uma colher e espalhe com uma faca umedecida em água quente para que fique totalmente coberto. Decore a borda com fita ou flores de açúcar.

Bolo de Páscoa Simnel

Para um bolo de 20 cm/8

225 g/8 onças/1 xícara de manteiga ou margarina, amolecida

225 g/8 onças/1 xícara de açúcar mascavo

Raspas de 1 limão

4 ovos, batidos

225 g/8 onças/2 xícaras de farinha comum (para todos os fins)

5 ml/1 colher de chá de fermento em pó

2,5 ml/½ colher de chá de noz-moscada ralada

50 g/2 onças/½ xícara de fubá (amido de milho)

100 g/4 oz/2/3 xícara de sultanas (passas douradas)

100 g/4 onças/2/3 xícara de passas

75 g/3 onças/½ xícara de groselha

100 g/4 oz/½ xícara de cerejas cristalizadas (cristalizadas), picadas

25 g/1 oz/¼ xícara de amêndoas moídas

450g/1lb de pasta de amêndoa

30 ml/2 colheres de sopa de geléia de damasco (conserva)

1 clara de ovo, batida

Misture a manteiga ou margarina, o açúcar e as raspas de limão até obter um creme claro e fofo. Aos poucos, misture os ovos, em seguida, misture a farinha, o fermento, a noz-moscada e o fubá. Junte as frutas e as amêndoas. Despeje metade da massa em uma assadeira untada e enfarinhada de 20cm/8 de profundidade (assadeira). Estenda metade da pasta de amêndoa em um círculo do tamanho de um bolo e coloque em cima da mistura. Recheie com a mistura restante e asse em forno pré-aquecido a 160°C/325°F/gás marca 3 por 2-2 horas e meia até dourar. Deixe esfriar na forma. Quando esfriar, vire e embrulhe em papel untado (encerado). Se possível, armazene em um recipiente hermético por até três semanas para amadurecer.

Para finalizar o bolo, barre o topo com geléia. Estenda três quartos da pasta de amêndoa restante em 20 cm/8 círculos, alise as bordas e coloque em cima do bolo. Enrole a pasta de amêndoa restante em 11 bolas (representando os discípulos sem Judas). Pincele a parte superior do bolo com a clara de ovo batida e disponha as bolas à volta do bolo, pincelando-as com a clara de ovo. Coloque sob uma grelha quente (broiler) por cerca de um minuto para dourar levemente.

Bolo da Décima Segunda Noite

Para um bolo de 20 cm/8

225 g/8 onças/1 xícara de manteiga ou margarina, amolecida

225 g/8 onças/1 xícara de açúcar mascavo

4 ovos, batidos

225 g/8 onças/2 xícaras de farinha comum (para todos os fins)

5 ml/1 colher de chá de especiarias mistas moídas (torta de maçã).

175 g/6 onças/1 xícara de sultanas (passas douradas)

100 g/4 onças/2/3 xícara de passas

75 g/3 onças/½ xícara de groselha

50 g/2 onças/¼ xícara de cerejas cristalizadas (cristalizadas)

50 g/2 onças/1/3 xícara de casca mista picada (cristalizada)

30 ml/2 colheres de sopa de leite

12 velas para decoração

Bata a manteiga ou margarina e o açúcar até obter um creme claro e fofo. Aos poucos, misture os ovos, depois acrescente a farinha, os temperos misturados, as frutas e as raspas e misture bem, adicionando um pouco de leite se necessário para fazer uma mistura homogênea. Despeje em uma forma untada e enfarinhada de 20cm/8 (assadeira) e asse em forno pré-aquecido a 180°C/350°F/gás marca 4 por 2 horas, até que um palito inserido no centro saia limpo. Deixa para lá

Bolo de maçã no microondas

O tamanho do quadrado é 23 cm/9

100g/4oz/½ xícara de manteiga ou margarina, amolecida

100g/4oz/½ xícara de açúcar mascavo

30ml/2 colheres de sopa de xarope dourado (milho light)

2 ovos, ligeiramente batidos

225 g/8 onças/2 xícaras de farinha com fermento

10 ml/2 colheres de chá de especiarias mistas moídas (rolo de maçã).

120 ml/4 fl oz/½ xícara de leite

2 maçãs para cozinhar (azedas), descascadas, sem caroço e cortadas em fatias finas

15 ml/1 colher de sopa de açúcar (superfino).

5 ml/1 colher de chá de canela em pó

Misture a manteiga ou margarina, o açúcar mascavo e o xarope até ficar claro e fofo. Bata os ovos aos poucos. Adicione a mistura de farinha e especiarias e, em seguida, misture o leite até obter uma consistência lisa. Misture as maçãs. Despeje em uma forma untada e enfarinhada para micro-ondas (23cm/9) e leve ao micro-ondas em potência média por 12 minutos até firmar. Deixe descansar por 5 minutos, depois vire de cabeça para baixo e polvilhe com açúcar e canela.

Bolo de maçã no microondas

Para um bolo de 20 cm/8

100g/4oz/½ xícara de manteiga ou margarina, amolecida

175g/6oz/¾ xícara de açúcar mascavo

1 ovo, levemente batido

175g/6oz/1½ xícaras de farinha comum (para todos os fins)

2,5 ml/½ colher de chá de fermento em pó

Pitada de sal

2,5 ml/½ colher de chá de pimenta da Jamaica moída

1,5 ml/¼ colher de chá de noz-moscada ralada

1,5 ml/¼ colher de chá de cravo moído

300 ml/½ pt/1¼ xícaras de purê de maçã sem açúcar (molho)

75 g/3 onças/½ xícara de passas

Açúcar em pó (de confeiteiro) para polvilhar

Bata a manteiga ou margarina com o açúcar mascavo até obter um creme claro e fofo. Aos poucos, misture o ovo e, em seguida, adicione alternadamente a farinha, o fermento, o sal e os temperos, bem como o purê de maçã e as passas. Despeje em uma forma quadrada de 20 cm untada e enfarinhada e leve ao micro-ondas por 12 minutos em potência alta. Deixe arrefecer na forma, corte em quadrados e polvilhe com açúcar em pó.

Bolo de maçã e nozes no microondas

Para um bolo de 20 cm/8

175 g/6 onças/¾ xícara de manteiga ou margarina, amolecida

100g/4oz/½ xícara de açúcar duro (superfino)

3 ovos levemente batidos

30ml/2 colheres de sopa de xarope dourado (milho light)

Casca ralada e suco de 1 limão

175 g/6 onças/1 ½ xícaras de farinha com fermento (com fermento)

50 g/2 onças/½ xícara de nozes picadas

1 maçã de mesa (sobremesa), descascada, sem caroço e fatiada

100g/4oz/2/3 xícara (de confeiteiro) de açúcar

30 ml/2 colheres de sopa de suco de limão

15 ml/1 colher de sopa de água

Metades de nozes para decorar

Bata a manteiga ou margarina com o açúcar em pó até obter um creme claro e fofo. Adicione aos poucos os ovos, depois a calda, as raspas e o suco de limão. Adicione a farinha, as nozes picadas e a maçã. Coloque em uma forma redonda de 20cm/8 untada e enfarinhada e leve ao micro-ondas por 4 minutos. Retire do forno e cubra com papel alumínio. Deixe esfriar. Misture o açúcar em pó com suco de limão e água suficiente para fazer um glacê liso. Espalhe sobre o bolo e decore com metades de noz.

Bolo de cenoura no microondas

Para um tamanho de bolo 18 cm/7

100g/4oz/½ xícara de manteiga ou margarina, amolecida

100g/4oz/½ xícara de açúcar mascavo

2 ovos, batidos

Casca ralada e suco de 1 laranja

2,5 ml/½ colher de chá de canela em pó

Uma pitada de noz moscada ralada

100g/4oz cenouras, raladas

100 g/4 onças/1 xícara de farinha com fermento

25 g/1 oz/¼ xícara de amêndoas moídas

25g/1oz/2 colheres de sopa de açúcar refinado (superfino)

Para o curativo:

100 g/4 onças/½ xícara de cream cheese

50g/2oz/1/3 xícara de açúcar em pó (de confeiteiro), peneirado

30 ml/2 colheres de sopa de suco de limão

Bata a manteiga e o açúcar até ficar claro e fofo. Bata os ovos aos poucos, depois acrescente o suco e a casca da laranja, os temperos e as cenouras. Junte a farinha, as amêndoas e o açúcar. Despeje em uma forma de bolo inglês de 18cm/7 untada e enfarinhada e cubra com filme plástico (plástico). Leve ao micro-ondas em potência alta por 8 minutos, até que um palito inserido no centro saia limpo. Retire a película aderente e deixe repousar 8 minutos antes de desenformar sobre uma grelha para arrefecer. Bata os ingredientes para a cobertura e espalhe sobre o bolo resfriado.

Bolo de cenoura, ananás e nozes no microondas

Para um bolo de 20 cm/8

225 g/8 onças/1 xícara de açúcar granulado (superfino)

2 ovos

120 ml/4 fl oz/½ xícara de óleo

1,5 ml/¼ colher de chá de sal

5 ml/1 colher de chá de bicarbonato de sódio (bicarbonato de sódio)

100 g/4 onças/1 xícara de farinha com fermento

5 ml/1 colher de chá de canela em pó

175g/6oz cenouras, raladas

75 g/3 onças/¾ xícara de nozes picadas

225g/8oz abacaxi esmagado com suco

Para o esmalte (esmalte):

15 g/½ oz/1 colher de sopa de manteiga ou margarina

50 g/2 onças/¼ xícara de cream cheese

10 ml/2 colheres de chá de suco de limão

Açúcar em pó (confeiteiro), peneirado

Forre uma forma grande de anel (assadeira) com papel manteiga. Misture o açúcar, os ovos e o óleo até formar uma espuma. Dobre delicadamente os ingredientes secos até combinar bem. Misture os ingredientes restantes do bolo. Despeje a mistura na forma preparada, coloque em uma gradinha ou prato virado ao contrário e aqueça no micro-ondas em potência alta por 13 minutos ou até firmar. Deixe descansar por 5 minutos e, em seguida, desenforme sobre uma gradinha para esfriar.

Enquanto isso, faça o glacê. Coloque a manteiga ou margarina, o cream cheese e o suco de limão em uma tigela e leve ao micro-ondas em potência alta por 30-40 segundos. Bata gradualmente o açúcar em pó suficiente para fazer uma mistura espessa e bata até ficar fofo. Quando o bolo estiver frio, espalhe a cobertura sobre ele.

Bolos de farelo temperados em forno de micro-ondas

Faça 15

75 g/3 onças/¾ xícara de cereais integrais

250 ml/8 fl oz/1 xícara de leite

175g/6oz/1½ xícaras de farinha comum (para todos os fins)

75g/3oz/1/3 xícara de açúcar em pó (superfino)

10 ml/2 colheres de chá de fermento em pó

10 ml/2 colheres de chá de especiarias mistas moídas (rolo de maçã).

Pitada de sal

60ml/4 colheres de sopa de xarope dourado (milho light)

45 ml/3 colheres de sopa de óleo

1 ovo, levemente batido

75 g/3 onças/½ xícara de passas

15 ml/1 colher de sopa de casca de laranja ralada

Mergulhe o cereal no leite por 10 minutos. Misture a farinha, o açúcar, o fermento, a mistura de especiarias e o sal e depois incorpore aos flocos. Misture a calda, o óleo, os ovos, as passas e as raspas de laranja. Coloque em caixas de papel (forros de biscoito) e leve ao micro-ondas cinco bolos de cada vez em potência alta por 4 minutos. Repita para os bolos restantes.

Bolo de banana e maracujá no microondas

Para um bolo de 23 cm/9

100g/4oz/½ xícara de manteiga ou margarina, derretida

175 g/6 onças/1½ xícaras de migalhas de biscoito de gengibre (cookie)

250g/9oz/grande 1 xícara de cream cheese

175 ml/6 fl oz/¾ xícara de creme azedo (ácido lático)

2 ovos, ligeiramente batidos

100g/4oz/½ xícara de açúcar duro (superfino)

Casca ralada e suco de 1 limão

150 ml/¼ pt/2/3 xícara de chantilly

1 banana, fatiada

1 maracujá, fatiado

Misture a manteiga ou margarina e as migalhas de biscoito e pressione no fundo e nas laterais de uma assadeira de 23cm/9 para micro-ondas. Microondas em alta por 1 minuto. Deixe esfriar.

Bata o cream cheese e o creme de leite até ficar homogêneo, depois acrescente o ovo, o açúcar, o suco de limão e as raspas. Despeje na base com uma colher e espalhe uniformemente. Cozinhe em fogo médio por 8 minutos. Deixe esfriar.

Bata o creme até ficar firme e espalhe-o sobre o invólucro. Coloque as rodelas de banana por cima e coloque a polpa do maracujá por cima.

Cheesecake de laranja assado no micro-ondas

Para um bolo de 20 cm/8

50 g/2 onças/¼ xícara de manteiga ou margarina

12 biscoitos digestivos (graham crackers), triturados

100g/4oz/½ xícara de açúcar duro (superfino)

225 g/8 onças/1 xícara de cream cheese

2 ovos

30 ml/2 colheres de sopa de suco de laranja concentrado

15 ml/1 colher de sopa de suco de limão

150 ml/¼ pt/2/3 xícara de creme azedo (ácido lático)

Pitada de sal

1 laranja

30 ml/2 colheres de sopa de geléia de damasco (conserva)

150 ml/¼ pt/2/3 xícara de creme duplo (pesado)

Derreta a manteiga ou a margarina em um refratário de 20 cm/8 que possa ir ao micro-ondas em potência alta por 1 minuto. Misture as migalhas de biscoito e 25g/1oz/2 colheres de sopa de açúcar e pressione no fundo e nas laterais da panela. Bata o queijo com o açúcar restante e os ovos, em seguida, misture o suco de laranja e limão, creme de leite e sal. Despeje na concha (concha) e leve ao micro-ondas em potência alta por 2 minutos. Deixe repousar por 2 minutos e, em seguida, microondas em potência alta por mais 2 minutos. Deixe descansar por 1 minuto e, em seguida, micro-ondas em potência alta por 1 minuto. Deixe esfriar.

Descasque a laranja e retire os pedaços da membrana com uma faca afiada. Derreta a geléia e pincele a parte superior do cheesecake. Bata as natas e deite-as em volta do bolo, depois decore com pedaços de laranja.

Cheesecake de abacaxi de micro-ondas

Para um bolo de 23 cm/9

100g/4oz/½ xícara de manteiga ou margarina, derretida

175g/6oz/1½ xícaras de Biscoitos Digestivos (Graham Crackers)

250g/9oz/grande 1 xícara de cream cheese

2 ovos, ligeiramente batidos

5 ml/1 colher de chá de casca de limão ralada

30 ml/2 colheres de sopa de suco de limão

75g/3oz/1/3 xícara de açúcar em pó (superfino)

400g/14oz/1 lata grande de abacaxi, escorrido e amassado

150 ml/¼ pt/2/3 xícara de creme duplo (pesado)

Misture a manteiga ou margarina e as migalhas de biscoito e pressione no fundo e nas laterais de uma assadeira de 23cm/9 para micro-ondas. Microondas em alta por 1 minuto. Deixe esfriar.

Bata o cream cheese, os ovos, as raspas e suco de limão e o açúcar até ficar homogêneo. Misture o abacaxi e acrescente a base com uma colher. Microondas em média por 6 minutos até definir. Deixe esfriar.

Bata as natas até ficarem firmes e coloque-as sobre o cheesecake.

Pão com cerejas e nozes no microondas

Faz um pão de 900g/2lb

175 g/6 onças/¾ xícara de manteiga ou margarina, amolecida

175g/6oz/¾ xícara de açúcar mascavo

3 ovos, batidos

225 g/8 onças/2 xícaras de farinha comum (para todos os fins)

10 ml/2 colheres de chá de fermento em pó

Pitada de sal

45 ml/3 colheres de sopa de leite

75 g/3 onças/1/3 xícara de cerejas cristalizadas (cristalizadas)

75 g/3 onças/¾ xícara de nozes mistas picadas

25g/1oz/3 colheres de sopa de açúcar em pó (de confeiteiro), peneirado

Bata a manteiga ou margarina com o açúcar mascavo até obter um creme claro e fofo. Aos poucos, misture os ovos, em seguida, misture a farinha, o fermento e o sal. Misture leite suficiente para fazer uma mistura macia e, em seguida, misture as cerejas e as nozes. Coloque em uma forma de bolo inglês de 900g/2lb untada e enfarinhada e polvilhe com açúcar. Microondas em alta por 7 minutos. Deixe descansar por 5 minutos e, em seguida, desenforme sobre uma gradinha para esfriar.

Bolo de chocolate no microondas

Para um tamanho de bolo 18 cm/7

225 g/8 onças/1 xícara de manteiga ou margarina, amolecida

175g/6oz/¾ xícara (superfino) de açúcar

150g/5oz/1¼ xícaras de farinha com fermento

50 g/2 onças/¼ xícara de cacau (chocolate sem açúcar) em pó

5 ml/1 colher de chá de fermento em pó

3 ovos, batidos

45 ml/3 colheres de sopa de leite

Misture todos os ingredientes e coloque em uma assadeira de 18cm/7 de diâmetro untada e enfarinhada. Microondas em alta por 9 minutos até ficar firme ao toque. Deixe esfriar na forma por 5 minutos, depois desenforme sobre uma gradinha para esfriar.

Bolo de amêndoa com chocolate no micro-ondas

Para um bolo de 20 cm/8

Para o bolo:

100g/4oz/½ xícara de manteiga ou margarina, amolecida

100g/4oz/½ xícara de açúcar duro (superfino)

2 ovos, ligeiramente batidos

100 g/4 onças/1 xícara de farinha com fermento

50 g/2 onças/½ xícara de cacau (chocolate sem açúcar) em pó

50 g/2 onças/½ xícara de amêndoas moídas

150 ml/¼ pt/2/3 xícara de leite

60ml/4 colheres de sopa de xarope dourado (milho light)

Para o esmalte (esmalte):

100 g/4 onças/1 xícara de chocolate meio amargo

25 g/1 oz/2 colheres de sopa de manteiga ou margarina

8 amêndoas inteiras

Para fazer o bolo, bata a manteiga ou margarina com o açúcar até obter um creme claro e fofo. Aos poucos, misture os ovos, depois acrescente a farinha e o cacau e depois as amêndoas moídas. Junte o leite e o xarope e bata até ficar leve e fofo. Coloque em um refratário de 20cm/8 forrado com filme plástico (filme plástico) e leve ao micro-ondas por 4 minutos. Retire do forno, cubra com papel alumínio e deixe esfriar um pouco, depois desenforme sobre uma grade para esfriar.

Para fazer a cobertura, derreta o chocolate e a manteiga ou margarina em potência alta por 2 minutos. Bata bem. Mergulhe as amêndoas até a metade no chocolate e deixe endurecer sobre papel manteiga untado. Despeje a cobertura restante sobre o bolo e espalhe por cima e nas laterais. Decore com amêndoas e deixe endurecer.

Brownies duplos de chocolate de micro-ondas

Faça 8

150g/5oz/1¼ xícaras de chocolate simples (meio-doce), picado grosseiramente

75 g/3 onças/1/3 xícara de manteiga ou margarina

175g/6oz/¾ xícara de açúcar mascavo

2 ovos, ligeiramente batidos

150g/5oz/1¼ xícaras de farinha comum (para todos os fins)

2,5 ml/½ colher de chá de fermento em pó

2,5 ml/½ colher de chá de essência de baunilha (extrato)

30 ml/2 colheres de sopa de leite

Derreta 50g/2oz/½ xícara de chocolate com manteiga ou margarina em potência alta por 2 minutos. Bata o açúcar e os ovos, depois acrescente a farinha, o fermento, a essência de baunilha e o leite até ficar homogêneo. Coloque em uma forma quadrada de 20 cm untada e enfarinhada e leve ao micro-ondas por 7 minutos em potência alta. Deixe esfriar na tigela por 10 minutos. Derreta o chocolate restante em fogo alto por 1 minuto, depois espalhe por cima do bolo e deixe esfriar. Corte em quadrados.

Barras de Tâmaras de Chocolate no Microondas

Faça 8

50 g/2 onças/1/3 xícara de tâmaras sem caroço, fatiadas

60 ml/4 colheres de sopa de água fervente

65 g/2½ oz/1/3 xícara de manteiga ou margarina, amolecida

225 g/8 onças/1 xícara de açúcar granulado (superfino)

1 ovo

100 g/4 onças/1 xícara de farinha comum (para todos os fins)

10 ml/2 colheres de chá de cacau (chocolate sem açúcar) em pó

2,5 ml/½ colher de chá de fermento em pó

Pitada de sal

25 g/1 oz/¼ xícara de nozes mistas picadas

100 g/4 oz/1 xícara de chocolate simples (meio-doce), finamente picado

Despeje água fervente sobre as tâmaras e deixe esfriar. Bata a manteiga ou margarina com metade do açúcar até formar uma espuma. Aos poucos, misture o ovo e, em seguida, misture alternadamente a farinha, o cacau, o fermento e o sal e a mistura de tâmaras. Despeje em uma forma quadrada de 20 cm (8 cm) untada e enfarinhada para micro-ondas. Misture o açúcar restante com as nozes e o chocolate e polvilhe por cima e pressione levemente. Microondas em alta por 8 minutos. Deixe esfriar em uma tigela antes de cortar em quadrados.

Quadradinhos de chocolate no micro-ondas

Faça 16

Para o bolo:

50 g/2 onças/¼ xícara de manteiga ou margarina

5 ml/1 colher de chá de açúcar em pó (superfino)

75 g/3 onças/¾ xícara de farinha comum (para todos os fins)

1 gema de ovo

15 ml/1 colher de sopa de água

175g/6oz/1½ xícaras de chocolate meio amargo ralado ou bem picado

Para o curativo:

50 g / 2 onças / ¼ xícara de manteiga ou margarina

50g/2oz/¼ xícara de açúcar em pó (superfino)

1 ovo

2,5 ml/½ colher de chá de essência de baunilha (extrato)

100 g/4 onças/1 xícara de nozes picadas

Para o bolo, amoleça a manteiga ou margarina e misture com o açúcar, a farinha, a gema e a água. Espalhe a mistura uniformemente em um refratário de 20cm/8 quadrados e aqueça no micro-ondas em potência alta por 2 minutos. Polvilhe o chocolate e leve ao micro-ondas em potência alta por 1 minuto. Espalhe uniformemente sobre a base e deixe até endurecer.

Para fazer a cobertura, aqueça a manteiga ou margarina no micro-ondas em potência alta por 30 segundos. Misture os ingredientes restantes para a cobertura e espalhe sobre o chocolate. Microondas em alta por 5 minutos. Deixe esfriar e depois corte em quadrados.

Bolo De Café De Microondas Rápido

Faz um bolo de 19 cm/7

Para o bolo:

225 g/8 onças/1 xícara de manteiga ou margarina, amolecida

225 g/8 onças/1 xícara de açúcar granulado (superfino)

225 g/8 onças/2 xícaras de farinha com fermento

5 ovos

45 ml/3 colheres de sopa de essência de café (extrato)

Para o esmalte (esmalte):

30 ml/2 colheres de sopa de essência de café (extrato)

175 g/6 onças/¾ xícara de manteiga ou margarina

Açúcar em pó (confeiteiro), peneirado

Metades de nozes para decorar

Misture todos os ingredientes do bolo até ficarem bem combinados. Divida em duas formas de bolo de 19 cm/7 e asse cada uma em fogo alto por 5-6 minutos. Retire do micro-ondas e deixe esfriar.

Misture os ingredientes para o glacê e adoce a gosto com açúcar de confeiteiro. Depois de frios, cubra os bolos com metade da cobertura e espalhe o restante por cima. Decore com metades de nozes.

Bolo de Natal no microondas

Para um bolo de 23 cm/9

150g/5oz/2/3 xícara de manteiga ou margarina, amolecida

150g/5oz/2/3 xícara de açúcar mascavo

3 ovos

30 ml/2 colheres de sopa de melaço (melaço blackstrap)

225 g/8 onças/2 xícaras de farinha com fermento

10 ml/2 colheres de chá de especiarias mistas moídas (rolo de maçã).

2. 5 ml/½ colher de chá de noz-moscada ralada

2,5 ml/½ colher de chá de bicarbonato de sódio (bicarbonato de sódio)

450 g/1 lb/22/3 xícaras de frutas secas mistas (mistura para bolo de frutas)

50 g/2 onças/¼ xícara de cerejas cristalizadas (cristalizadas)

50 g/2 onças/1/3 xícara de casca mista picada

50 g/2 onças/½ xícara de nozes mistas picadas

30 ml/2 colheres de sopa de aguardente

Conhaque adicional para maturar o bolo (opcional)

Bata a manteiga ou margarina e o açúcar até obter um creme claro e fofo. Aos poucos, misture os ovos e a calda de melaço, depois acrescente a farinha, os temperos e o bicarbonato de sódio. Dobre delicadamente as frutas, cascas e nozes mistas e, em seguida, misture o conhaque. Coloque em uma assadeira de fundo forrado de 23 cm/9 cm e leve ao micro-ondas em potência baixa por 45-60 minutos. Deixe esfriar na forma por 15 minutos antes de desenformar sobre uma gradinha para esfriar.

Depois de resfriado, embrulhe o bolo em papel alumínio e coloque em local fresco e escuro por 2 semanas. Se desejar, fure o topo do bolo várias vezes com um palito fino e polvilhe com conhaque, em seguida, embrulhe o bolo e reserve. Você pode fazer isso várias vezes para obter um bolo mais rico.

Bolo De Microondas

Para um bolo de 20 cm/8

300g/10oz/1¼ xícaras de açúcar granulado (superfino)

225 g/8 onças/2 xícaras de farinha comum (para todos os fins)

10 ml/2 colheres de chá de fermento em pó

5 ml/1 colher de chá de canela em pó

100g/4oz/½ xícara de manteiga ou margarina, amolecida

2 ovos, ligeiramente batidos

100 ml/3½ fl oz/6½ colheres de sopa de leite

Misture o açúcar, a farinha, o fermento e a canela. Misture a manteiga ou margarina e reserve um quarto da mistura. Misture os ovos e o leite e incorpore à massa do bolo. Coloque a mistura em uma forma untada e enfarinhada de 20cm/8 para micro-ondas e polvilhe com a mistura de migalhas reservada. Microondas em alta por 10 minutos. Deixe esfriar na tigela.

Linhas de data de microondas

Faça 12

150g/5oz/1¼ xícaras de farinha com fermento

175g/6oz/¾ xícara (superfino) de açúcar

100 g/4 onças/1 xícara de coco ralado (ralado)

100g/4oz/2/3 xícara de tâmaras sem caroço, fatiadas

50 g/2 onças/½ xícara de nozes mistas picadas

100g/4oz/½ xícara de manteiga ou margarina, derretida

1 ovo, levemente batido

Açúcar em pó (de confeiteiro) para polvilhar

Misture os ingredientes secos. Misture a manteiga ou margarina e o ovo em uma massa firme. Pressione no fundo de um prato quadrado de 20cm/8 e aqueça no micro-ondas em potência média por 8 minutos até ficar firme. Deixe na tigela por 10 minutos, depois corte em cubos e desenforme sobre uma gradinha para esfriar.

Pão de figo no microondas

Rende um pão de 675g/1½lb

100 g/4 onças/2 xícaras de farelo

50 g/2 oz/¼ xícara de açúcar mascavo

45 ml/3 colheres de sopa de mel puro

100 g/4 onças/2/3 xícara de figos secos picados

50 g/2 onças/½ xícara de avelãs picadas

300 ml/½ pt/1¼ xícara de leite

100 g/4 onças/1 xícara de farinha de trigo integral (trigo integral)

10 ml/2 colheres de chá de fermento em pó

Pitada de sal

Misture todos os ingredientes em uma massa dura. Forre uma forma que possa ir ao micro-ondas e nivele a superfície. Cozinhe em alta por 7 minutos. Deixe esfriar na forma por 10 minutos, depois desenforme sobre uma gradinha para esfriar.

Flapjacks de microondas

Faça 24

175 g/6 onças/¾ xícara de manteiga ou margarina, amolecida

50g/2oz/¼ xícara de açúcar em pó (superfino)

50 g/2 oz/¼ xícara de açúcar mascavo

90ml/6 colheres de sopa de xarope dourado (milho claro)

Pitada de sal

275 g/10 onças/2½ xícaras de aveia em flocos

Misture a manteiga ou margarina e os açúcares em uma tigela grande e cozinhe em fogo alto por 1 minuto. Acrescente os demais ingredientes e misture bem. Despeje a mistura em uma forma untada de 18cm/7 para micro-ondas e pressione levemente. Cozinhe em alta por 5 minutos. Deixe esfriar um pouco e depois corte em quadrados.

Bolo de Frutas de Microondas

Para um tamanho de bolo 18 cm/7

175 g/6 onças/¾ xícara de manteiga ou margarina, amolecida

175g/6oz/¾ xícara (superfino) de açúcar

Raspas de 1 limão

3 ovos, batidos

225 g/8 onças/2 xícaras de farinha comum (para todos os fins)

5 ml/1 colher de chá de especiarias mistas moídas (torta de maçã).

225 g/8 onças/11/3 xícaras de passas

225 g/8 onças/11/3 xícaras de sultanas (passas douradas)

50 g/2 onças/¼ xícara de cerejas cristalizadas (cristalizadas)

50 g/2 onças/½ xícara de nozes mistas picadas

15ml/1 colher de sopa de xarope dourado (milho light)

45 ml/3 colheres de sopa de conhaque

Bata a manteiga ou margarina com o açúcar até obter um creme claro e fofo. Misture as raspas de limão e, gradualmente, misture os ovos. Adicione a farinha e os temperos misturados e misture o restante dos ingredientes. Despeje em uma forma redonda de 18 cm (7 cm) untada e enfarinhada e leve ao micro-ondas em potência baixa por 35 minutos, até que um palito inserido no centro saia limpo. Deixe esfriar na forma por 10 minutos, depois desenforme sobre uma gradinha para esfriar.

Quadrados de frutas e coco para micro-ondas

Faça 8

50 g/2 onças/¼ xícara de manteiga ou margarina

9 biscoitos digestivos (graham crackers), triturados

50 g/2 onças/½ xícara de coco ralado (ralado)

100 g/4 onças/2/3 xícara de casca mista (cristalizada) picada

50 g/2 onças/1/3 xícara de tâmaras sem caroço, fatiadas

15 ml/1 colher de sopa de farinha comum (para todos os fins)

25 g/1 oz/2 colheres de sopa de cerejas cristalizadas (cristalizadas), picadas

100 g/4 onças/1 xícara de nozes picadas

150 ml/¼ pt/2/3 xícara de leite condensado

Derreta a manteiga ou margarina em uma forma quadrada de 20 cm/8 no microondas em potência alta por 40 segundos. Misture as migalhas de biscoito e espalhe-as uniformemente no fundo da assadeira. Polvilhe com o coco e depois com a casca mista. Misture as tâmaras com a farinha, as cerejas e as nozes e polvilhe por cima, depois despeje o leite por cima. Microondas em alta por 8 minutos. Deixe esfriar na forma e corte em quadrados.

Bolo Fudge De Microondas

Para um bolo de 20 cm/8

150g/5oz/1¼ xícaras de farinha comum (para todos os fins)

5 ml/1 colher de chá de fermento em pó

Pitada de bicarbonato de sódio (bicarbonato de sódio)

Pitada de sal

300g/10oz/1¼ xícaras de açúcar granulado (superfino)

50 g/2 onças/¼ xícara de manteiga ou margarina, amolecida

250 ml/8 fl oz/1 xícara de leite

Algumas gotas de essência de baunilha (extrato)

1 ovo

100g/4oz/1 xícara de chocolate simples (meio-doce), picado

50 g/2 onças/½ xícara de nozes mistas picadas

Chocolate amanteigado congelado

Misture a farinha, o fermento, o bicarbonato e o sal. Junte o açúcar e depois a manteiga ou margarina, o leite e a essência de baunilha até ficar homogêneo. Bata no ovo. Aqueça três quartos do chocolate no micro-ondas em potência alta por 2 minutos até derreter e, em seguida, misture à mistura do bolo até ficar cremoso. Misture as nozes. Distribua a mistura em duas formas untadas e enfarinhadas de 20 cm/8 e leve ao micro-ondas cada uma separadamente por 8 minutos. Retire do forno, cubra com papel alumínio e deixe esfriar por 10 minutos, depois desenforme sobre uma grade para esfriar. Faça um sanduíche junto com metade da cobertura de creme de manteiga (glacê), depois espalhe o restante da cobertura por cima e decore com o chocolate reservado.

Gengibre no microondas

Para um bolo de 20 cm/8

50 g/2 onças/¼ xícara de manteiga ou margarina

75 g/3 oz/¼ xícara de xarope de melaço preto (melaço)

15 ml/1 colher de sopa de açúcar (superfino).

100 g/4 onças/1 xícara de farinha comum (para todos os fins)

5 ml/1 colher de chá de gengibre em pó

2,5 ml/½ colher de chá de especiarias mistas moídas (rolo de maçã).

2,5 ml/½ colher de chá de bicarbonato de sódio (bicarbonato de sódio)

1 ovo, batido

Coloque a manteiga ou margarina em uma tigela e aqueça no microondas em potência alta por 30 segundos. Misture o xarope de melaço e o açúcar e leve ao micro-ondas por 1 minuto em potência alta. Junte a farinha, as especiarias e o bicarbonato de sódio. Bata no ovo. Coloque a mistura em um prato untado de 1,5 litro / 2½ pint / 6 potes e aqueça no microondas por 4 minutos. Deixe esfriar na tigela por 5 minutos e, em seguida, desenforme sobre uma gradinha para esfriar.

Barras de Gengibre para Microondas

Faça 12

Para o bolo:

150g/5oz/2/3 xícara de manteiga ou margarina, amolecida

50g/2oz/¼ xícara de açúcar em pó (superfino)

100 g/4 onças/1 xícara de farinha comum (para todos os fins)

2,5 ml/½ colher de chá de fermento em pó

5 ml/1 colher de chá de gengibre em pó

Para o curativo:

15 g/½ oz/1 colher de sopa de manteiga ou margarina

15ml/1 colher de sopa de xarope dourado (milho light)

Algumas gotas de essência de baunilha (extrato)

5 ml/1 colher de chá de gengibre em pó

50 g/2 oz/1/3 xícara (de confeiteiro) de açúcar

Para fazer o bolo, bata a manteiga ou margarina com o açúcar até obter um creme claro e fofo. Junte a farinha, o fermento e o gengibre e misture até obter uma massa lisa. Pressione em um prato quadrado de 20cm / 8in para micro-ondas e leve ao micro-ondas em potência média por 6 minutos até ficar firme.

Para o molho, derreta a manteiga ou margarina e a calda. Misture a essência de baunilha, o gengibre e o açúcar de confeiteiro e bata até engrossar. Espalhe uniformemente sobre o bolo quente. Deixe esfriar em uma tigela e corte em cubos ou quadrados.

Bolo dourado de microondas

Para um bolo de 20 cm/8

Para o bolo:

100g/4oz/½ xícara de manteiga ou margarina, amolecida

100g/4oz/½ xícara de açúcar duro (superfino)

2 ovos, ligeiramente batidos

Algumas gotas de essência de baunilha (extrato)

225 g/8 onças/2 xícaras de farinha comum (para todos os fins)

10 ml/2 colheres de chá de fermento em pó

Pitada de sal

60 ml/4 colheres de sopa de leite

Para o esmalte (esmalte):

50 g/2 onças/¼ xícara de manteiga ou margarina, amolecida

100g/4oz/2/3 xícara (de confeiteiro) de açúcar

Algumas gotas de essência de baunilha (extrato) (opcional)

Para fazer o bolo, bata a manteiga ou margarina com o açúcar até obter um creme claro e fofo. Aos poucos, misture os ovos, em seguida, misture a farinha, o fermento e o sal. Misture leite suficiente para obter uma consistência macia e líquida. Distribua em duas formas de 20cm/8 de micro-ondas untadas e enfarinhadas e asse cada bolo separadamente em potência alta por 6 minutos. Retire do forno, cubra com papel alumínio e deixe esfriar por 5 minutos, depois desenforme sobre uma grade para esfriar.

Para fazer a cobertura, bata a manteiga ou margarina até ficar macia, depois acrescente o açúcar de confeiteiro e a essência de baunilha se desejar. Empilhe os bolos com metade da cobertura e espalhe o restante por cima.

Bolo de mel e avelã no microondas

Para um tamanho de bolo 18 cm/7

150g/5oz/2/3 xícara de manteiga ou margarina, amolecida

100g/4oz/½ xícara de açúcar mascavo

45 ml/3 colheres de sopa de mel puro

3 ovos, batidos

225 g/8 onças/2 xícaras de farinha com fermento

100 g/4 onças/1 xícara de avelãs moídas

45 ml/3 colheres de sopa de leite

Esmalte de manteiga

Bata a manteiga ou margarina, o açúcar e o mel até obter um creme claro e fofo. Aos poucos, misture os ovos, depois acrescente a farinha e as avelãs e leite suficiente para formar uma massa macia. Coloque em um prato de 18 cm/7 de micro-ondas e cozinhe em fogo médio por 7 minutos. Deixe esfriar na forma por 5 minutos, depois desenforme sobre uma gradinha para esfriar. Corte o bolo ao meio na horizontal, depois espalhe a cobertura de creme de manteiga (glacê) sobre ele.

Barras de muesli mastigáveis no micro-ondas

Faz cerca de 10

100g/4oz/½ xícara de manteiga ou margarina

175 g/6 onças/½ xícara de mel puro

50 g/2 onças/1/3 xícara de damascos secos preparados, picados

50 g/2 onças/1/3 xícara de tâmaras sem caroço, fatiadas

75 g/3 onças/¾ xícara de nozes mistas picadas

100 g/4 onças/1 xícara de farinha de aveia

100g/4oz/½ xícara de açúcar mascavo

1 ovo, batido

25 g/1 oz/2 colheres de sopa de farinha com fermento

Coloque a manteiga ou margarina e o mel em uma tigela e cozinhe em fogo alto por 2 minutos. Misture todos os ingredientes restantes. Despeje em uma forma de 20cm/8 que possa ir ao micro-ondas e leve ao micro-ondas em potência alta por 8 minutos. Deixe esfriar um pouco e corte em quadrados ou fatias.

Bolo com nozes no forno de microondas

Para um bolo de 20 cm/8

150g/5oz/1¼ xícaras de farinha comum (para todos os fins)

Pitada de sal

5 ml/1 colher de chá de canela em pó

75 g/3 onças/1/3 xícara de açúcar mascavo

75g/3oz/1/3 xícara de açúcar em pó (superfino)

75 ml/5 colheres de sopa de óleo

25 g/1 oz/¼ xícara de nozes picadas

5 ml/1 colher de chá de fermento em pó

2,5 ml/½ colher de chá de bicarbonato de sódio (bicarbonato de sódio)

1 ovo

150 ml/¼ pt/2/3 xícara de leite azedo

Misture a farinha, o sal e metade da canela. Misture os açúcares e bata no óleo até misturar bem. Retire 90ml/6 colheres de sopa da mistura e misture as nozes e a canela restante. Adicione o fermento, o bicarbonato, o ovo e o leite à massa e bata até ficar homogêneo. Coloque a mistura principal em uma forma untada e enfarinhada de 20cm/8 para micro-ondas e polvilhe a mistura de nozes por cima. Microondas em alta por 8 minutos. Deixe esfriar no recipiente por 10 minutos e sirva ainda quente.

Bolo De Suco De Laranja De Microondas

Para um bolo de 20 cm/8

250g/9oz/2¼ xícaras de farinha comum (para todos os fins)

225 g/8 onças/1 xícara de açúcar granulado

15 ml/1 colher de sopa de fermento em pó

2,5 ml/½ colher de chá de sal

60 ml/4 colheres de sopa de óleo

250 ml/8 fl oz/2 xícaras de suco de laranja

2 ovos separados

100g/4oz/½ xícara de açúcar duro (superfino)

Cobertura De Manteiga De Laranja

Cobertura De Laranja

Junte a farinha, o açúcar refinado, o fermento, o sal, o óleo e metade do suco de laranja e bata até incorporar bem. Bata as gemas e o suco de laranja restante até obter um creme claro e fofo. Bata as claras até ficarem firmes, acrescente metade do açúcar e bata até ficarem firmes e brilhantes. Dobre o açúcar restante e, em seguida, dobre as claras na mistura do bolo. Distribua em duas formas untadas e enfarinhadas de 20cm/8 para micro-ondas e leve ao micro-ondas individualmente por 6-8 minutos. Retire do forno, cubra com papel alumínio e deixe esfriar por 5 minutos, depois desenforme sobre uma grade para esfriar. Empilhe os bolos junto com a cobertura de creme de manteiga de laranja (cobertura) e espalhe a cobertura de laranja por cima.

Pavlova de Microondas

Para um bolo de 23 cm/9

4 claras de ovo

225 g/8 onças/1 xícara de açúcar granulado (superfino)

2,5 ml/½ colher de chá de essência de baunilha (extrato)

Algumas gotas de vinagre de vinho

150 ml/¼ pt/2/3 xícara de chantilly

1 kiwi, fatiado

100g / 4oz morangos fatiados

Bata as claras até formar picos moles. Polvilhe metade do açúcar e bata bem. Adicione aos poucos o açúcar restante, a essência de baunilha e o vinagre e bata até dissolver. Coloque a mistura em um círculo de 23 cm/9 em um pedaço de papel manteiga. Microondas em alta por 2 minutos. Deixe no micro-ondas com a porta aberta por 10 minutos. Retire do forno, rasgue o papel de forro e deixe esfriar. Bata as natas até ficarem firmes e espalhe-as por cima do merengue. Disponha as frutas de forma atraente por cima.

Bolos no forno micro-ondas

Para um bolo de 20 cm/8

225 g/8 onças/2 xícaras de farinha comum (para todos os fins)

15 ml/1 colher de sopa de fermento em pó

50g/2oz/¼ xícara de açúcar em pó (superfino)

100g/4oz/½ xícara de manteiga ou margarina

75ml/5 colheres de sopa de creme simples (leve)

1 ovo

Misture a farinha, o fermento e o açúcar, depois acrescente a manteiga ou margarina até obter uma farofa. Misture o creme de leite e os ovos e depois incorpore à mistura de farinha até obter uma massa macia. Pressione em uma forma untada de 20cm/8 que possa ir ao micro-ondas e leve ao micro-ondas em potência alta por 6 minutos. Deixe repousar por 4 minutos, depois desenforme e termine de esfriar sobre uma gradinha.

Tortinhas de Morango no Microondas

Para um bolo de 20 cm/8

900g / 2lb morangos, em fatias grossas

225 g/8 onças/1 xícara de açúcar granulado (superfino)

225 g/8 onças/2 xícaras de farinha comum (para todos os fins)

15 ml/1 colher de sopa de fermento em pó

175 g/6 onças/¾ xícara de manteiga ou margarina

75ml/5 colheres de sopa de creme simples (leve)

1 ovo

150 ml/¼ pt/2/3 xícara de chantilly duplo (pesado)

Misture os morangos com 175g/6oz/¾ xícara de açúcar e leve à geladeira por pelo menos 1 hora.

Misture a farinha, o fermento e o açúcar restante, depois acrescente 100 g / 4 oz / ½ xícara de manteiga ou margarina até que a mistura pareça farinha de rosca. Misture um creme e um ovo juntos, em seguida, dobre na mistura de farinha até obter uma massa macia. Pressione em uma forma untada de 20cm/8 que possa ir ao micro-ondas e leve ao micro-ondas em potência alta por 6 minutos. Deixe descansar por 4 minutos, depois vire e corte ao meio ainda quente. Deixe esfriar.

Espalhe ambas as superfícies cortadas com a manteiga ou margarina restante. Espalhe um terço do chantilly sobre a base e cubra com três quartos dos morangos. Cubra com outro terço do creme e coloque o segundo bolo por cima. Polvilhe o creme restante e os morangos por cima.

Biscoito no forno de microondas

Para um tamanho de bolo 18 cm/7

150g/5oz/1¼ xícaras de farinha com fermento

100g/4oz/½ xícara de manteiga ou margarina

100g/4oz/½ xícara de açúcar duro (superfino)

2 ovos

30 ml/2 colheres de sopa de leite

Bata todos os ingredientes até ficar homogêneo. Coloque em um refratário de fundo forrado de 18cm/7 e leve ao micro-ondas em potência média por 6 minutos. Deixe esfriar na forma por 5 minutos, depois desenforme sobre uma gradinha para esfriar.

Azulejos para micro-ondas Sultana

Faça 12

175 g/6 onças/¾ xícara de manteiga ou margarina

100g/4oz/½ xícara de açúcar duro (superfino)

15ml/1 colher de sopa de xarope dourado (milho light)

75 g/3 onças/½ xícara de sultanas (passas douradas)

5 ml/1 colher de chá de casca de limão ralada

225 g/8 onças/2 xícaras de farinha com fermento

Para o esmalte (esmalte):
175 g/6 onças/1 xícara de açúcar em pó (confeiteiro).

30 ml/2 colheres de sopa de suco de limão

Aqueça a manteiga ou margarina, o açúcar mascavo e a calda no micro-ondas por 2 minutos. Junte as sultanas e as raspas de limão. Misture a farinha. Despeje em um refratário de 20cm/8 quadrados untado e enfarinhado e leve ao micro-ondas em potência média por 8 minutos até ficar firme. Deixe esfriar um pouco.

Coloque o açúcar em pó em uma tigela e faça um buraco no meio. Aos poucos, misture o suco de limão para fazer um esmalte liso. Ainda quente, espalhe sobre o bolo e deixe esfriar completamente.

Biscoitos de chocolate no micro-ondas

Faça 24

225 g/8 onças/1 xícara de manteiga ou margarina, amolecida

100g/4oz/½ xícara de açúcar mascavo escuro

5 ml/1 colher de chá de essência de baunilha (extrato)

225 g/8 onças/2 xícaras de farinha com fermento

50g/2oz/½ xícara de chocolate em pó para beber

Bata a manteiga, o açúcar e a essência de baunilha até obter um creme claro e fofo. Aos poucos, misture a farinha e o chocolate e misture uma massa lisa. Faça bolinhas do tamanho de nozes, coloque seis delas em uma assadeira untada para micro-ondas (biscoitos) e achate levemente com um garfo. Leve cada fornada ao micro-ondas em potência alta por 2 minutos até que todos os biscoitos (cookies) estejam cozidos. Deixe esfriar sobre uma gradinha.

Biscoitos de coco no microondas

Faça 24

50 g/2 onças/¼ xícara de manteiga ou margarina, amolecida

75g/3oz/1/3 xícara de açúcar em pó (superfino)

1 ovo, levemente batido

2,5 ml/½ colher de chá de essência de baunilha (extrato)

75 g/3 onças/¾ xícara de farinha comum (para todos os fins)

25 g/1 oz/¼ xícara de coco ralado (ralado)

Pitada de sal

30 ml/2 colheres de sopa de geléia de morango (conserva)

Bata a manteiga ou margarina e o açúcar até obter um creme claro e fofo. Junte o ovo e a essência de baunilha alternadamente com a farinha, o coco e o sal e misture até obter uma massa lisa. Forme bolas do tamanho de nozes e coloque seis em uma assadeira untada para micro-ondas (biscoitos) e pressione levemente com um garfo para achatar levemente. Microondas em alta por 3 minutos até ficar firme. Transfira para uma gradinha e coloque uma colher de geléia no centro de cada biscoito. Repita com os cookies restantes.

Florentinos no microondas

Faça 12

50 g/2 onças/¼ xícara de manteiga ou margarina

50g/2oz/¼ xícara de açúcar demerara

15ml/1 colher de sopa de xarope dourado (milho light)

50 g/2 onças/¼ xícara de cerejas cristalizadas (cristalizadas)

75 g/3 onças/¾ xícara de nozes picadas

25 g/1 oz/3 colheres de sopa de sultanas (passas douradas)

25 g/1 oz/¼ xícara de amêndoas laminadas

30 ml/2 colheres de sopa de casca mista picada (cristalizada)

25 g/1 oz/¼ xícara de farinha comum (para todos os fins)

100g/4oz/1 xícara de chocolate simples (meio-doce), quebrado (opcional)

Aqueça a manteiga ou margarina, o açúcar e a calda no micro-ondas por 1 minuto até derreter. Junte as cerejas, nozes, sultanas e amêndoas e, em seguida, misture as cascas e a farinha. Coloque colheres de chá da mistura, bem espaçadas, em papel untado (encerado) e cozinhe quatro de cada vez em fogo alto por 1 minuto e meio cada fornada. Alise as bordas com uma faca, deixe esfriar no papel por 3 minutos e transfira para uma gradinha para esfriar. Repita com os cookies restantes. Se desejar, derreta o chocolate em uma tigela por 30 segundos e espalhe-o sobre um dos lados dos florentinos e deixe-o endurecer.

Cookies com avelãs e cerejas no microondas

Faça 24

100g/4oz/½ xícara de manteiga ou margarina, amolecida

100g/4oz/½ xícara de açúcar duro (superfino)

1 ovo, batido

175g/6oz/1½ xícaras de farinha comum (para todos os fins)

50 g/2 onças/½ xícara de avelãs moídas

100 g/4 onças/½ xícara de cerejas cristalizadas

Bata a manteiga ou margarina e o açúcar até obter um creme claro e fofo. Aos poucos, misture o ovo e, em seguida, adicione a farinha, avelãs e cerejas. Coloque colheradas uniformemente espaçadas em assadeiras de micro-ondas (biscoitos) e leve ao micro-ondas oito biscoitos (cookies) de cada vez em potência alta por cerca de 2 minutos até ficarem firmes.

Biscoitos Sultana no microondas

Faça 24

225 g/8 onças/2 xícaras de farinha comum (para todos os fins)

5 ml/1 colher de chá de especiarias mistas moídas (torta de maçã).

175 g/6 onças/¾ xícara de manteiga ou margarina, amolecida

100 g/4 oz/2/3 xícara de sultanas (passas douradas)

175g/6oz/¾ xícara de açúcar demerara

Combine a farinha e a mistura de especiarias e, em seguida, misture a manteiga ou margarina, as sultanas e 100g/4oz/½ xícara de açúcar para formar uma massa macia. Enrole em duas formas de salsicha, com cerca de 18 cm/7 de comprimento e passe no açúcar restante. Corte em fatias e arrume seis de cada vez em uma assadeira untada (biscoito) no microondas e leve ao microondas por 2 minutos. Deixe esfriar sobre uma grade e repita com os biscoitos restantes.

Pão De Banana De Microondas

Faz um pão de 450g/1lb

75 g/3 onças/1/3 xícara de manteiga ou margarina, amolecida

175g/6oz/¾ xícara (superfino) de açúcar

2 ovos, ligeiramente batidos

200g/7oz/1¾ xícara de farinha comum (para todos os fins)

10 ml/2 colheres de chá de fermento em pó

2,5 ml/½ colher de chá de bicarbonato de sódio (bicarbonato de sódio)

Pitada de sal

2 bananas maduras

15 ml/1 colher de sopa de suco de limão

60 ml/4 colheres de sopa de leite

50 g/2 onças/½ xícara de nozes picadas

Bata a manteiga ou margarina e o açúcar até obter um creme claro e fofo. Aos poucos, misture os ovos, depois misture a farinha, o fermento, o bicarbonato e o sal. Amasse as bananas com suco de limão e misture-as na mistura com leite e nozes. Coloque em uma assadeira untada e enfarinhada de 450g/1lb e leve ao micro-ondas em potência alta por 12 minutos. Retire do forno, cubra com papel alumínio e deixe esfriar por 10 minutos, depois desenforme sobre uma grade para esfriar.

Pão com Queijo no Microondas

Faz um pão de 450g/1lb

50 g/2 onças/¼ xícara de manteiga ou margarina

250 ml/8 fl oz/1 xícara de leite

2 ovos, ligeiramente batidos

225 g/8 onças/2 xícaras de farinha comum (para todos os fins)

10 ml/2 colheres de chá de fermento em pó

10 ml/2 colheres de chá de mostarda em pó

2,5 ml/½ colher de chá de sal

175 g/6 onças/1½ xícaras de queijo cheddar, ralado

Derreta a manteiga ou margarina em uma tigela pequena em fogo alto por 1 minuto. Misture o leite e os ovos. Misture a farinha, o fermento, a mostarda, o sal e 100g/4oz/1 xícara de queijo. Misture a mistura de leite até ficar bem combinado. Coloque em uma forma de pão que possa ir ao micro-ondas (panela) e leve ao micro-ondas em potência alta por 9 minutos. Polvilhe com o queijo restante, cubra com papel alumínio e deixe descansar por 20 minutos.

Pão de nozes no microondas

Faz um pão de 450g/1lb

225 g/8 onças/2 xícaras de farinha comum (para todos os fins)

300g/10oz/1¼ xícaras de açúcar granulado (superfino)

5 ml/1 colher de chá de fermento em pó

Pitada de sal

100g/4oz/½ xícara de manteiga ou margarina, amolecida

150 ml/¼ pt/2/3 xícara de leite

2,5 ml/½ colher de chá de essência de baunilha (extrato)

4 claras de ovo

50 g/2 onças/½ xícara de nozes picadas

Misture a farinha, o açúcar, o fermento e o sal. Bata a manteiga ou margarina, em seguida o leite e a essência de baunilha. Bata as claras até ficarem cremosas e depois misture as nozes. Coloque em uma assadeira untada e enfarinhada de 450g/1lb e leve ao micro-ondas em potência alta por 12 minutos. Retire do forno, cubra com papel alumínio e deixe esfriar por 10 minutos, depois desenforme sobre uma grade para esfriar.

Bolo Amaretti sem fermento

Para um bolo de 20 cm/8

100g/4oz/½ xícara de manteiga ou margarina

175g/6oz/1½ xícaras de chocolate meio amargo

75 g de biscoitos Amaretti (biscoitos), triturados grosseiramente

175 g/6 onças/1½ xícaras de nozes picadas

50 g/2 onças/½ xícara de pinhões

75 g/3 oz/1/3 xícara de cerejas cristalizadas (cristalizadas), picadas

30ml/2 colheres de sopa Grand Marnier

225 g/8 onças/1 xícara de queijo Mascarpone

Derreta a manteiga ou margarina e o chocolate em uma tigela refratária sobre uma panela com água fervendo levemente. Retire do fogo e misture os biscoitos, as nozes e as cerejas. Coloque em uma sanduicheira (panela) forrada com filme plástico (filme plástico) e pressione suavemente. Leve à geladeira por 1 hora até firmar. Vire para um prato de servir e retire a película aderente. Bata o Grand Marnier no Mascarpone e coloque sobre a base.

Barras de arroz americanas crocantes

Faz cerca de 24 palitos

50 g/2 onças/¼ xícara de manteiga ou margarina

225g/8 onças de marshmallow branco

5 ml/1 colher de chá de essência de baunilha (extrato)

150 g/5 onças/5 xícaras de flocos de arroz tufado

Derreta a manteiga ou margarina em uma panela grande em fogo baixo. Adicione os marshmallows e cozinhe, mexendo sempre, até que os marshmallows tenham derretido e a mistura esteja em forma de xarope. Retire do fogo e acrescente a essência de baunilha. Misture os flocos de arroz até que estejam uniformemente revestidos. Pressione em um molde quadrado de 23cm/9 e corte em barras. Deixe endurecer.

quadrados de damasco

Faça 12

50 g/2 onças/¼ xícara de manteiga ou margarina

175 g/6 onças/1 lata pequena de leite evaporado

15 ml/1 colher de sopa de mel puro

45ml/3 colheres de sopa de suco de maçã

50 g/2 oz/¼ xícara de açúcar mascavo

50 g/2 onças/1/3 xícara de sultanas (passas douradas)

225 g/8 onças/11/3 xícaras de damascos secos preparados, picados

100 g/4 onças/1 xícara de coco ralado (ralado)

225 g/8 onças/2 xícaras de aveia em flocos

Derreta a manteiga ou margarina com leite, mel, suco de maçã e açúcar. Misture os ingredientes restantes. Pressione em uma forma untada de 25cm/12 (assadeira) e deixe esfriar antes de cortar em quadrados.

Bolo Suíço de Damasco

Para um bolo de 23 cm/9

400g/14oz/1 lata grande metades de damasco, suco escorrido e reservado

50g/2oz/½ xícara de pudim em pó

75 g/3 oz/¼ xícara de geleia de damasco (enlatada transparente)

75 g/3 onças/½ xícara de damascos secos preparados, picados

400g/14oz/1 lata grande de leite condensado

225 g/8 onças/1 xícara de queijo cottage

45 ml/3 colheres de sopa de suco de limão

1 rolinho suíço fatiado

Faça o suco de damasco com água para fazer 500 ml/17 fl oz/2¼ xícaras. Misture o pudim em pó com um pouco de líquido em uma pasta e ferva o restante. Junte o creme de leite e a geléia de damasco e cozinhe, mexendo sempre, até engrossar e ficar brilhante. Amasse os damascos enlatados e adicione à mistura com damascos secos. Deixe esfriar, mexendo de vez em quando.

Bata o leite condensado, o requeijão e o sumo de limão até ficarem bem misturados e depois envolva na mistura de gelatina. Forre uma forma de bolo inglês de 23 cm/9 (assadeira) com filme plástico (filme plástico) e disponha as fatias de rocambole no fundo e nas laterais da forma. Despeje a mistura para bolo e leve à geladeira até firmar. Vire com cuidado na hora de servir.

Bolos de esponja triturados

Faça 12

100g/4oz/½ xícara de manteiga ou margarina

30 ml/2 colheres de sopa de açúcar em pó (superfino)

15ml/1 colher de sopa de xarope dourado (milho light)

30 ml/2 colheres de sopa de cacau em pó (chocolate sem açúcar)

225 g/8 onças/2 xícaras de migalhas de biscoito trituradas (cookie).

50 g/2 onças/1/3 xícara de sultanas (passas douradas)

Derreta a manteiga ou margarina com o açúcar e a calda sem deixar ferver. Junte o cacau, os biscoitos e as sultanas. Pressione em uma forma de 25cm/10 untada (assadeira), deixe esfriar e leve à geladeira até firmar. Corte em quadrados.

Manteiga sem fermento

Para um bolo de 23 cm/9

30 ml/2 colheres de sopa de pudim em pó

100g/4oz/½ xícara de açúcar duro (superfino)

450 ml/¾ pt/2 xícaras de leite

175 ml/6 fl oz/¾ xícara de leitelho

25 g/1 oz/2 colheres de sopa de manteiga ou margarina

400g/12oz biscoitos simples (biscoitos), triturados

120 ml/4 fl oz/½ xícara de chantilly

Misture o creme de leite e o açúcar em uma pasta com um pouco de leite. Ferva o leite restante. Mexa na pasta, depois volte toda a mistura para a panela e mexa em fogo baixo por cerca de 5 minutos até engrossar. Junte o leitelho e a manteiga ou margarina. Arrume os biscoitos esfarelados e a mistura de creme em uma assadeira de 23cm/9 (assadeira) forrada com filme plástico (filme plástico) ou um prato de vidro. Pressione delicadamente e leve à geladeira até firmar. Bata o creme até ficar firme e espalhe as flores de creme em cima do bolo. Sirva em um prato ou levante cuidadosamente para servir.

fatia de castanha

Faz um pão de 900g/2lb

225 g/8 onças/2 xícaras de chocolate simples (meio-doce)

100g/4oz/½ xícara de manteiga ou margarina, amolecida

100g/4oz/½ xícara de açúcar duro (superfino)

450 g/1 lb/1 lata grande de purê de castanha sem açúcar

25 g/1 oz/¼ xícara de farinha de arroz

Algumas gotas de essência de baunilha (extrato)

150 ml/¼ pt/2/3 xícara de chantilly, batido

Chocolate ralado para decorar

Derreta o chocolate puro em uma tigela refratária sobre uma panela com água levemente fervente. Bata a manteiga ou margarina e o açúcar até obter um creme claro e fofo. Bata o purê de castanha, o chocolate, a farinha de arroz e a essência de baunilha. Despeje em uma forma de pão de 900 g / 2 lb untada e enfarinhada e leve à geladeira até ficar firme. Decore com chantilly e chocolate ralado antes de servir.

Pão de Ló de Castanha

Faz um bolo de 900g/2lb

Para o bolo:

400g/14oz/1 lata grande de purê de castanha adoçada

100g/4oz/½ xícara de manteiga ou margarina, amolecida

1 ovo

Algumas gotas de essência de baunilha (extrato)

30 ml/2 colheres de sopa de aguardente

24 biscoitos

Para o Glaze:

30 ml/2 colheres de sopa de cacau em pó (chocolate sem açúcar)

15 ml/1 colher de sopa de açúcar (superfino).

30 ml/2 colheres de sopa de água

Para o creme de manteiga:

100g/4oz/½ xícara de manteiga ou margarina, amolecida

100g/4oz/2/3 xícara (de confeiteiro) de açúcar, peneirado

15 ml/1 colher de sopa de essência de café (extrato)

Para o bolo, misture o purê de castanha, a manteiga ou margarina, o ovo, a essência de baunilha e 15 ml/1 colher de sopa de conhaque e bata até ficar homogêneo. Unte e enfarinhe uma forma de bolo inglês de 900g/2lb (assadeira) e forre o fundo e as laterais com os dedos esponjosos. Polvilhe os biscoitos com o conhaque restante e coloque a mistura de castanhas no centro. Deixe esfriar até ficar sólido.

Retire da forma e retire o papel do forro. Dissolva os ingredientes do glacê em uma tigela refratária colocada sobre uma panela com água fervendo suavemente e mexa até ficar homogêneo. Deixe esfriar um pouco e pincele a parte superior do bolo com a maior parte da cobertura. Misture os ingredientes do creme de manteiga até ficar homogêneo e, em seguida, enrole-os em redemoinhos ao redor da borda do bolo. Para finalizar, regue com o glacê guardado.

Barras de chocolate e amêndoa

Faça 12

175g/6oz/1½ xícaras de chocolate meio amargo picado

3 ovos separados

120 ml/4 fl oz/½ xícara de leite

10 ml/2 colheres de chá de gelatina em pó

120 ml/4 fl oz/½ xícara de creme duplo (pesado)

45ml/3 colheres de sopa de açúcar em pó (superfino)

60ml/4 colheres de sopa de amêndoas laminadas (fatiadas), torradas

Derreta o chocolate em uma tigela resistente ao calor colocada sobre uma panela com água levemente fervente. Retire do fogo e bata as gemas. Ferva o leite em uma panela separada e misture a gelatina. Junte à mistura de chocolate e depois as natas. Bata as claras até ficarem firmes, acrescente o açúcar e bata novamente até ficarem firmes e brilhantes. Mexa na mistura. Despeje em uma forma de bolo inglês (450g/1lb) untada e enfarinhada, polvilhe com amêndoas torradas e deixe esfriar, depois leve à geladeira por pelo menos 3 horas até firmar. Vire e corte em fatias grossas para servir

Bolo quebradiço de chocolate

Faz um pão de 450g/1lb

150g/5oz/2/3 xícara de manteiga ou margarina

30ml/2 colheres de sopa de xarope dourado (milho light)

175g/6oz/1½ xícaras de Biscoitos Digestivos (Graham Crackers)

50 g/2 onças/2 xícaras de flocos de arroz tufado

25 g/1 oz/3 colheres de sopa de sultanas (passas douradas)

25 g/1 oz/2 colheres de sopa de cerejas cristalizadas (cristalizadas), picadas

225 g/8 onças/2 xícaras de gotas de chocolate

30 ml/2 colheres de sopa de água

175 g/6 onças/1 xícara de açúcar em pó (de confeiteiro), peneirado

Derreta 100g/4oz/½ xícara de manteiga ou margarina com a calda, retire do fogo e misture as migalhas dc biscoito, flocos, sultanas, cerejas e três quartos das gotas de chocolate. Despeje em uma forma untada e enfarinhada de 450g/1lb (assadeira) e alise a parte superior. Deixe esfriar até ficar sólido. Derreta a restante manteiga ou margarina com o restante chocolate e água. Junte o açúcar em pó e misture até ficar homogéneo. Retire o bolo da forma e corte-o ao meio no sentido do comprimento. Coloque o sanduíche junto com metade da calda de chocolate (glacê) em um prato de servir e cubra com a calda restante. Esfrie antes de servir.

quadradinhos de chocolate

Faz cerca de 24

225g/8oz biscoitos digestivos (bolachas graham)

100g/4oz/½ xícara de manteiga ou margarina

25g/1oz/2 colheres de sopa de açúcar refinado (superfino)

15ml/1 colher de sopa de xarope dourado (milho light)

45 ml/3 colheres de sopa de cacau (chocolate sem açúcar) em pó

200g/7oz/1¾ xícara de cobertura de bolo de chocolate

Coloque os biscoitos em um saco plástico e esmague-os com um rolo. Derreta a manteiga ou margarina em uma panela e misture o açúcar e a calda. Retire do fogo e misture as migalhas de biscoito e o cacau. Despeje em uma forma quadrada de 18 cm untada e enfarinhada e enfarinhada e pressione uniformemente. Deixe esfriar e leve à geladeira até firmar.

Derreta o chocolate em uma tigela resistente ao calor colocada sobre uma panela com água levemente fervente. Espalhe sobre o biscoito, marque linhas com um garfo enquanto ele endurece. Corte bem em quadrados.

Bolo de resfriamento de chocolate

Rende um bolo de 450g/1lb

100g/4oz/½ xícara de açúcar mascavo

100g/4oz/½ xícara de manteiga ou margarina

50g/2oz/½ xícara de chocolate em pó para beber

25 g/1 oz/¼ xícara de cacau em pó (chocolate sem açúcar)

30ml/2 colheres de sopa de xarope dourado (milho light)

150g/5oz de biscoitos digestivos (graham crackers) ou biscoitos ricos em chá

50 g/2 oz/¼ xícara de cerejas cristalizadas ou nozes e passas

100 g/4 onças/1 xícara de chocolate ao leite

Coloque o açúcar, a manteiga ou margarina, o achocolatado, o cacau e a calda em uma panela e mexa bem até a manteiga derreter. Retire do fogo e esfarele os biscoitos. Misture as cerejas ou nozes e passas e despeje em uma forma de 450g/1lb (assadeira). Deixe na geladeira para esfriar.

Derreta o chocolate em uma tigela refratária sobre uma panela com água levemente fervente. Espalhe o bolo resfriado por cima e corte em fatias.

Bolo de chocolate e frutas

Para um tamanho de bolo 18 cm/7

100g/4oz/½ xícara de manteiga ou margarina, derretida

100g/4oz/½ xícara de açúcar mascavo

225 g/8 onças/2 xícaras de Biscoito Digestivo (Graham Cracker) Migalhas

50 g/2 onças/1/3 xícara de sultanas (passas douradas)

45 ml/3 colheres de sopa de cacau (chocolate sem açúcar) em pó

1 ovo, batido

Algumas gotas de essência de baunilha (extrato)

Misture a manteiga ou margarina com o açúcar, depois acrescente os demais ingredientes e bata bem. Despeje em uma forma untada de 18cm/7 e alise a superfície. Leve à geladeira até definir.

Quadrados de chocolate e gengibre

Faça 24

100g/4oz/½ xícara de manteiga ou margarina

100g/4oz/½ xícara de açúcar mascavo

30 ml/2 colheres de sopa de cacau em pó (chocolate sem açúcar)

1 ovo, levemente batido

225 g/8 onças/2 xícaras de migalhas de biscoito de gengibre (cookie).

15 ml/1 colher de sopa de gengibre cristalizado (cristalizado) picado

Derreta a manteiga ou margarina, em seguida, misture o açúcar e o cacau até misturar bem. Misture o ovo, as migalhas de biscoito e o gengibre. Pressione em um molde de rocambole (forma de gelatina) e leve à geladeira até ficar firme. Corte em quadrados.

Quadrados luxuosos de chocolate e gengibre

Faça 24

100g/4oz/½ xícara de manteiga ou margarina

100g/4oz/½ xícara de açúcar mascavo

30 ml/2 colheres de sopa de cacau em pó (chocolate sem açúcar)

1 ovo, levemente batido

225 g/8 onças/2 xícaras de migalhas de biscoito de gengibre (cookie).

15 ml/1 colher de sopa de gengibre cristalizado (cristalizado) picado

100 g/4 onças/1 xícara de chocolate meio amargo

Derreta a manteiga ou margarina, em seguida, misture o açúcar e o cacau até misturar bem. Misture o ovo, as migalhas de biscoito e o gengibre. Pressione em um molde de rocambole (forma de gelatina) e leve à geladeira até ficar firme.

Derreta o chocolate em uma tigela resistente ao calor colocada sobre uma panela com água levemente fervente. Espalhe sobre o bolo e deixe endurecer. Quando o chocolate estiver quase duro, corte-o em quadrados.

Biscoitos de chocolate com mel

Faça 12

225 g/8 onças/1 xícara de manteiga ou margarina

30 ml/2 colheres de sopa de mel puro

90 ml/6 colheres de sopa de alfarroba ou cacau (chocolate sem açúcar) em pó

225 g/8 onças/2 xícaras de migalhas de biscoito doce (biscoito)

Derreta a manteiga ou margarina, o mel e a alfarroba ou cacau em pó num tacho para misturar bem. Misture as migalhas de biscoito. Despeje em uma forma quadrada de 20cm/8 untada (assadeira) e deixe esfriar, depois corte em quadrados.

Bolo de camada de chocolate

Rende um bolo de 450g/1lb

300 ml/½ pt/1¼ xícara de creme duplo (pesado)

225g/8oz/2 xícaras de chocolate simples (meio-doce), quebrado

5 ml/1 colher de chá de essência de baunilha (extrato)

20 biscoitos simples (biscoitos)

Aqueça o creme de leite em uma panela em fogo baixo até quase ferver. Retire do fogo e acrescente o chocolate, mexa, tampe e deixe por 5 minutos. Junte a essência de baunilha e mexa até ficar bem combinado, depois leve à geladeira até que a mistura comece a engrossar.

Forre uma forma de pão de 450g/1lb (assadeira) com filme plástico (filme plástico). Espalhe a camada de chocolate no fundo e espalhe alguns biscoitos por cima. Continue carregando chocolate e biscoitos até acabar. Finalize com uma camada de chocolate. Cubra com película aderente e leve ao frio durante pelo menos 3 horas. Vire o bolo e retire a película aderente.

Boas barras de chocolate

Faça 12

100g/4oz/½ xícara de manteiga ou margarina

30ml/2 colheres de sopa de xarope dourado (milho light)

30 ml/2 colheres de sopa de cacau em pó (chocolate sem açúcar)

225 g/8 oz/1 pacote de biscoitos finos ou simples (biscoitos), triturados grosseiramente

100g/4oz/1 xícara de chocolate simples (meio-doce), em cubos

Derreta a manteiga ou margarina e a calda, retire do fogo e misture o cacau e os biscoitos triturados. Espalhe a mistura em uma forma quadrada de 23cm/9 (assadeira) e nivele a superfície. Derreta o chocolate em uma tigela refratária sobre uma panela com água levemente fervente e espalhe por cima. Deixe esfriar um pouco, corte em barras ou quadrados e leve à geladeira até firmar.

Quadradinhos de chocolate praliné

Faça 12

100g/4oz/½ xícara de manteiga ou margarina

30 ml/2 colheres de sopa de açúcar em pó (superfino)

15ml/1 colher de sopa de xarope dourado (milho light)

15 ml/1 colher de sopa de achocolatado em pó

225 g/8 onças de biscoitos digestivos (graham crackers), triturados

200g/7oz/1¾ xícara de chocolate meio amargo

100 g/4 onças/1 xícara de nozes mistas picadas

Derreta a manteiga ou margarina, o açúcar, a calda e o chocolate para beber em uma panela. Deixe ferver e deixe ferver por 40 segundos. Retire do fogo e misture os biscoitos e as nozes. Despeje em uma assadeira 28 x 18 cm/11 x 7 (28 x 18 cm) untada e derreta o chocolate em uma tigela refratária sobre uma panela com água em fogo brando. Espalhe sobre os biscoitos e deixe esfriar, leve à geladeira por 2 horas antes de cortar em quadrados.

Batatas fritas de coco

Faça 12

100 g/4 onças/1 xícara de chocolate meio amargo

30 ml/2 colheres de sopa de leite

30ml/2 colheres de sopa de xarope dourado (milho light)

100 g/4 onças/4 xícaras de flocos de arroz tufado

50 g/2 onças/½ xícara de coco ralado (ralado)

Derreta o chocolate, o leite e a calda em uma panela. Retire do fogo e misture os flocos e o coco. Distribua em forminhas de papel (papel de cupcake) e deixe firmar.

Barras de trituração

Faça 12

175 g/6 onças/¾ xícara de manteiga ou margarina

50 g/2 oz/¼ xícara de açúcar mascavo

30ml/2 colheres de sopa de xarope dourado (milho light)

45 ml/3 colheres de sopa de cacau (chocolate sem açúcar) em pó

75 g/3 onças/½ xícara de passas ou sultanas (passas douradas)

350 g/12 onças/3 xícaras de aveia em flocos

225 g/8 onças/2 xícaras de chocolate simples (meio-doce)

Derreta a manteiga ou margarina com o açúcar, o xarope e o cacau. Junte as passas ou sultanas e os cereais. Pressione a mistura em uma assadeira untada de 25 cm/12 pol (assadeira). Derreta o chocolate em uma tigela refratária sobre uma panela com água levemente fervente. Divida em barras e deixe esfriar, depois refrigere antes de cortar em barras.

Crocantes de coco e passas

Faça 12

100 g/4 onças/1 xícara de chocolate branco

30 ml/2 colheres de sopa de leite

30ml/2 colheres de sopa de xarope dourado (milho light)

175 g/6 onças/6 xícaras de flocos de arroz tufado

50 g/2 onças/1/3 xícara de passas

Derreta o chocolate, o leite e a calda em uma panela. Retire do fogo e misture o cereal e as passas. Distribua em forminhas de papel (papel de cupcake) e deixe firmar.

Quadrados de café e leite

Faça 20

25 g/1 oz/2 colheres de sopa de gelatina em pó

75 ml/5 colheres de sopa de água fria

225 g/8 oz/2 xícaras de migalhas de biscoito simples (cookie).

50 g/2 onças/¼ xícara de manteiga ou margarina, derretida

400 g/14 onças/1 lata grande de leite evaporado

150g/5oz/2/3 xícara de açúcar refinado (superfino)

400 ml/14 fl oz/1¾ xícara de café preto forte, gelado

Chantilly e rodelas de laranja cristalizada (cristalizada) para decorar

Polvilhe a gelatina com água em uma tigela e deixe ficar esponjosa. Coloque o recipiente em uma panela com água quente e deixe até dissolver. Deixe esfriar um pouco. Misture as migalhas de biscoito na manteiga derretida e pressione-as no fundo e nas laterais de uma assadeira retangular 30 x 20 cm (12 x 8) untada. café. Despeje sobre a base e leve à geladeira até firmar. Corte em quadrados e decore com chantilly e rodelas de laranja cristalizadas (cristalizadas).

Bolo de frutas sem forno

Para um bolo de 23 cm/9

450 g/1 lb/2 2/3 xícaras de mix de frutas secas (mistura para bolo de frutas)

450 g/1 lb de biscoitos simples (biscoitos), triturados

100g/4oz/½ xícara de manteiga ou margarina, derretida

100g/4oz/½ xícara de açúcar mascavo

400g/14oz/1 lata grande de leite condensado

5 ml/1 colher de chá de essência de baunilha (extrato)

Misture todos os ingredientes até ficar bem misturado. Despeje em uma forma untada de 23cm/9 (assadeira) forrada com filme plástico (filme plástico) e pressione para baixo. Deixe esfriar até ficar sólido.

quadradinhos de frutas

Faz cerca de 12

100g/4oz/½ xícara de manteiga ou margarina

100g/4oz/½ xícara de açúcar mascavo

400g/14oz/1 lata grande de leite condensado

5 ml/1 colher de chá de essência de baunilha (extrato)

250g/9oz/1½ xícaras de mistura de frutas secas (mistura para bolo de frutas)

100 g/4 onças/½ xícara de cerejas cristalizadas

50 g/2 onças/½ xícara de nozes mistas picadas

400g/14oz biscoitos simples (biscoitos), triturados

Derreta a manteiga ou margarina e o açúcar em fogo baixo. Junte o leite condensado e a essência de baunilha e retire do fogo. Misture os ingredientes restantes. Pressione em um molde de rolo untado (forma de rolo) e leve à geladeira por 24 horas até firmar. Corte em quadrados.

Frutas e fibras

Faça 12

100 g/4 onças/1 xícara de chocolate meio amargo

50 g/2 onças/¼ xícara de manteiga ou margarina

15ml/1 colher de sopa de xarope dourado (milho light)

100 g/4 onças/1 xícara de frutas e cereais matinais de fibra

Derreta o chocolate em uma tigela refratária sobre uma panela com água levemente fervente. Bata a manteiga ou margarina e a calda. Misture o cereal. Distribua em forminhas de papel (papel de cupcake) e deixe esfriar e endurecer.

Bolo de camada de nougat

Faz um bolo de 900g/2lb

15 g/½ oz/1 colher de sopa de gelatina em pó

100 ml/3½ fl oz/6½ colheres de sopa de água

1 pacote de esponjas pequenas

225 g/8 onças/1 xícara de manteiga ou margarina, amolecida

50g/2oz/¼ xícara de açúcar em pó (superfino)

400g/14oz/1 lata grande de leite condensado

5 ml/1 colher de chá de suco de limão

5 ml/1 colher de chá de essência de baunilha (extrato)

5 ml/1 colher de chá de ácido tartárico

100 g/4 onças/2/3 xícara de frutas secas misturadas (mistura de bolo de frutas), picadas

Polvilhe a gelatina sobre a água em uma tigela pequena e coloque a tigela em uma panela com água quente até que a gelatina fique transparente. Deixe esfriar um pouco. Forre uma forma de pão de 900 g/2 lb (assadeira) com papel alumínio para que cubra a parte superior da forma e, em seguida, arrume metade das pequenas esponjas no fundo. Bata a manteiga ou margarina e o açúcar até formar um creme, depois misture todos os ingredientes restantes. Despeje na assadeira e espalhe as pequenas esponjas restantes por cima. Cubra com papel alumínio e coloque um peso por cima. Deixe esfriar até ficar sólido.

Quadrados de leite e noz-moscada

Faça 20

Para a base:

225 g/8 oz/2 xícaras de migalhas de biscoito simples (cookie).

30ml/2 colheres de sopa de açúcar mascavo

2,5 ml/½ colher de chá de noz-moscada ralada

100g/4oz/½ xícara de manteiga ou margarina, derretida

Para o recheio:

1,2 litros/2 pts/5 xícaras de leite

25 g/1 oz/2 colheres de sopa de manteiga ou margarina

2 ovos separados

225 g/8 onças/1 xícara de açúcar granulado (superfino)

100 g/4 onças/1 xícara de fubá (amido de milho)

50 g/2 onças/½ xícara de farinha comum (para todos os fins)

5 ml/1 colher de chá de fermento em pó

Uma pitada de noz moscada ralada

Noz-moscada ralada para polvilhar

Prepare a base misturando a farinha de biscoito, o açúcar e a noz-moscada na manteiga derretida ou margarina e forre o fundo de uma forma de 30 x 20 cm/12 x 8 untada.

Para fazer o recheio, ferva 1 litro/1¾ ponto/4¼ xícara de leite em uma panela grande. Adicione manteiga ou margarina. Bata as gemas com o leite restante. Misture o açúcar, o fubá, a farinha, o fermento e a noz-moscada. Misture um pouco de leite fervente na mistura de gema de ovo até formar uma pasta, em seguida, misture a pasta no leite fervente e mexa continuamente em fogo baixo por alguns minutos até engrossar. Retire do fogo. Bata as claras até formar picos firmes e misture na mistura. Espalhe sobre a base e polvilhe generosamente com noz-moscada. Deixe esfriar, leve à geladeira e corte em quadrados antes de servir.

muesli crocante

Faz cerca de 16 quadrados

400g/14oz/3½ xícaras de chocolate meio amargo

45ml/3 colheres de sopa de xarope dourado (milho claro)

25 g/1 oz/2 colheres de sopa de manteiga ou margarina

Cerca de 225g/8 onças/2/3 xícara de muesli

Derreta metade do chocolate, a calda e a manteiga ou margarina. Aos poucos, misture muesli suficiente para formar uma mistura espessa. Pressione em uma forma de rolo untada (panela de rolo). Derreta o chocolate restante e despeje-o suavemente por cima. Deixe esfriar na geladeira antes de cortar em quadrados.

Quadradinhos de mousse de laranja

Faça 20

25 g/1 oz/2 colheres de sopa de gelatina em pó

75 ml/5 colheres de sopa de água fria

225 g/8 oz/2 xícaras de migalhas de biscoito simples (cookie).

50 g/2 onças/¼ xícara de manteiga ou margarina, derretida

400 g/14 onças/1 lata grande de leite evaporado

150g/5oz/2/3 xícara de açúcar refinado (superfino)

400 ml/14 fl oz/1¾ xícara de suco de laranja

Bombons de chantilly e chocolate para decorar

Polvilhe a gelatina com água em uma tigela e deixe ficar esponjosa. Coloque o recipiente em uma panela com água quente e deixe até dissolver. Deixe esfriar um pouco. Misture as migalhas de biscoito na manteiga derretida e pressione-as no fundo e nas laterais de uma assadeira rasa de 30 x 20 cm (30 x 20 cm) untada com manteiga. . Despeje sobre a base e leve à geladeira até firmar. Corte em quadrados e decore com chantilly e bombons de chocolate.

quadradinhos de amendoim

Faça 18

225 g/8 oz/2 xícaras de migalhas de biscoito simples (cookie).

100g/4oz/½ xícara de manteiga ou margarina, derretida

225 g/8 onças/1 xícara de manteiga de amendoim crocante

25 g/1 oz/2 colheres de sopa de cerejas cristalizadas (cristalizadas)

25 g/1 oz/3 colheres de sopa de groselha

Misture todos os ingredientes até ficar bem misturado. Pressione em uma forma untada de 25cm/12 (assadeira) e leve à geladeira até firmar, depois corte em quadrados.

Bolos De Caramelo De Hortelã

Faça 16

400g/14oz/1 lata grande de leite condensado

600 ml/1 pt/2½ xícaras de leite

30 ml/2 colheres de sopa de pudim em pó

225 g/8 onças/2 xícaras de Biscoito Digestivo (Graham Cracker) Migalhas

100 g / 4 oz / 1 xícara de chocolate com menta, quebrado em pedaços

Coloque uma lata fechada de leite condensado em uma panela com água suficiente para cobrir a lata. Ferva, tampe e deixe ferver por 3 horas, adicionando água fervente se necessário. Deixe esfriar, abra a lata e retire o caramelo.

Aqueça 500 ml/17 fl oz/2¼ xícaras de leite com caramelo, deixe ferver e mexa até derreter. Misture o creme de leite com o restante do leite em uma pasta, em seguida, misture na panela e continue a ferver, mexendo sempre, até engrossar. Polvilhe metade das migalhas de biscoito no fundo de uma assadeira quadrada de 20 cm/8 untada (assadeira), em seguida, coloque metade do creme de caramelo e polvilhe com metade do chocolate. Repita as camadas e deixe esfriar. Deixe esfriar e corte em porções.

biscoitos de arroz

Faça 24

175 g/6 onças/½ xícara de mel puro

225 g/8 onças/1 xícara de açúcar granulado

60 ml / 4 colheres de sopa de água

350 g/12 onças/1 caixa de flocos de arroz tufado

100 g/4 onças/1 xícara de amendoim torrado

Derreta o mel, o açúcar e a água em uma panela grande e deixe esfriar por 5 minutos. Junte o cereal e o amendoim. Faça bolinhas, coloque em forminhas de papel (papel de cupcake) e deixe esfriar e endurecer.

Arroz toffee e chocolate

Rende 225 g/8 onças

50 g/2 onças/¼ xícara de manteiga ou margarina

30ml/2 colheres de sopa de xarope dourado (milho light)

30 ml/2 colheres de sopa de cacau em pó (chocolate sem açúcar)

60 ml/4 colheres de sopa de açúcar em pó (superfino)

50 g/2 onças/½ xícara de arroz moído

Derreta a manteiga e o xarope. Misture o cacau e o açúcar até dissolver e, em seguida, misture o arroz moído. Deixe ferver suavemente, reduza o fogo e cozinhe lentamente por 5 minutos, mexendo sempre. Despeje em uma forma quadrada de 20 cm/8 untada e enfarinhada e deixe esfriar um pouco. Corte em quadrados e deixe esfriar completamente antes de retirar da forma.

pasta de amêndoa

Cobre o topo e as laterais de um bolo de 23cm/9

225 g/8 onças/2 xícaras de amêndoas moídas

225 g/8 onças/11/3 xícaras (de confeiteiro) de açúcar, peneirado

225 g/8 onças/1 xícara de açúcar granulado (superfino)

2 ovos, ligeiramente batidos

10 ml/2 colheres de chá de suco de limão

Algumas gotas de essência de amêndoa (extrato)

Bata as amêndoas e o açúcar. Aos poucos, misture os ingredientes restantes até obter uma pasta lisa. Embrulhe em filme plástico (filme plástico) e leve à geladeira antes de usar.

Pasta de amêndoa sem açúcar

Cobre o topo e as laterais de um bolo de 15cm/6

100 g/4 onças/1 xícara de amêndoas moídas

50 g/2 onças/½ xícara de frutose

25 g/1 oz/¼ xícara de farinha de milho (amido de milho)

1 ovo, levemente batido

Misture todos os ingredientes até obter uma pasta lisa. Embrulhe em filme plástico (filme plástico) e leve à geladeira antes de usar.

Glacê real

Cobre o topo e as laterais de um bolo de 20cm/8

5 ml/1 colher de chá de suco de limão

2 claras de ovo

450g/1lb/22/3 xícaras (de confeiteiro) de açúcar peneirado

5 ml/1 colher de chá de glicerina (opcional)

Misture o suco de limão e as claras e vá acrescentando o açúcar de confeiteiro aos poucos até que o glacê (glacê) fique liso e branco e cubra as costas de uma colher. Algumas gotas de glicerina evitarão que o esmalte fique muito quebradiço. Cubra com um pano úmido e deixe descansar por 20 minutos para permitir que as bolhas de ar subam à superfície.

A cobertura dessa consistência pode ser derramada sobre o bolo e alisada com uma faca umedecida em água quente. Para o tubo, misture açúcar de confeiteiro adicional para que a cobertura fique firme o suficiente para ficar nos picos.

Glacê sem açúcar

O suficiente para cobrir um bolo de 15cm/6

50 g/2 onças/½ xícara de frutose

Pitada de sal

1 clara de ovo

2,5 ml/½ colher de chá de suco de limão

Processe a frutose em pó em um processador de alimentos até que fique tão fina quanto o açúcar em pó. Misture o sal. Transfira para uma tigela refratária e misture a clara de ovo e o suco de limão. Coloque a tigela sobre uma panela com água fervente e continue mexendo até formar picos firmes. Retire do fogo e mexa até esfriar.

esmalte fondant

O suficiente para cobrir um bolo de 20cm/8

450 g/1 lb/2 xícaras de açúcar granulado (superfino) ou granulado

150 ml/¼ pt/2/3 xícara de água

15 ml/1 colher de sopa de glicose líquida ou 2,5 ml/½ colher de chá de ácido tartárico

Dissolva o açúcar na água em uma panela grande e pesada em fogo baixo. Limpe as laterais da assadeira com um pincel embebido em água fria para evitar a formação de cristais. Dissolva o tártaro em um pouco de água e mexa na panela. Ferva e ferva continuamente a 115°C/242°F quando uma gota de esmalte forma uma bola macia quando jogada em água fria. Despeje lentamente a calda em uma tigela resistente ao calor e deixe até formar uma pele. Bata a cobertura com uma colher de pau até ficar turva e dura. Amasse até ficar homogêneo. Antes de usar, aqueça em uma tigela refratária sobre uma panela com água quente para amolecer, se necessário.

Esmalte de manteiga

O suficiente para rechear e cobrir um bolo de 20cm/8

100g/4oz/½ xícara de manteiga ou margarina, amolecida

225 g/8 onças/11/3 xícaras (de confeiteiro) de açúcar, peneirado

30 ml/2 colheres de sopa de leite

Bata a manteiga ou margarina até ficar macia. Bata gradualmente o açúcar de confeiteiro e o leite até misturar bem.

Chocolate amanteigado congelado

O suficiente para rechear e cobrir um bolo de 20cm/8

30 ml/2 colheres de sopa de cacau em pó (chocolate sem açúcar)

15 ml/1 colher de sopa de água fervente

100g/4oz/½ xícara de manteiga ou margarina, amolecida

225 g/8 onças/11/3 xícaras (de confeiteiro) de açúcar, peneirado

15 ml/1 colher de sopa de leite

Misture o cacau em uma pasta com água fervente e deixe esfriar. Bata a manteiga ou margarina até ficar macia. Bata gradualmente a mistura de açúcar em pó, leite e cacau até ficar bem combinado.

Glacê de manteiga de chocolate branco

O suficiente para rechear e cobrir um bolo de 20cm/8

100 g/4 onças/1 xícara de chocolate branco

100g/4oz/½ xícara de manteiga ou margarina, amolecida

225 g/8 onças/11/3 xícaras (de confeiteiro) de açúcar, peneirado

15 ml/1 colher de sopa de leite

Derreta o chocolate em uma tigela refratária colocada sobre uma panela com água levemente fervente e deixe esfriar um pouco. Bata a manteiga ou margarina até ficar macia. Bata gradualmente o açúcar de confeiteiro, o leite e o chocolate até misturar bem.

Esmalte de manteiga de café

O suficiente para rechear e cobrir um bolo de 20cm/8

100g/4oz/½ xícara de manteiga ou margarina, amolecida

225 g/8 onças/11/3 xícaras (de confeiteiro) de açúcar, peneirado

15 ml/1 colher de sopa de leite

15 ml/1 colher de sopa de essência de café (extrato)

Bata a manteiga ou margarina até ficar macia. Bata gradualmente o açúcar de confeiteiro, o leite e a essência de café até misturar bem.

Cobertura com manteiga de limão

O suficiente para rechear e cobrir um bolo de 20cm/8

100g/4oz/½ xícara de manteiga ou margarina, amolecida

225 g/8 onças/11/3 xícaras (de confeiteiro) de açúcar, peneirado

30 ml/2 colheres de sopa de suco de limão

Raspas de 1 limão

Bata a manteiga ou margarina até ficar macia. Bata gradualmente o açúcar de confeiteiro, o suco de limão e as raspas até misturar bem.

Cobertura De Manteiga De Laranja

O suficiente para rechear e cobrir um bolo de 20cm/8

100g/4oz/½ xícara de manteiga ou margarina, amolecida

225 g/8 onças/11/3 xícaras (de confeiteiro) de açúcar, peneirado

30 ml/2 colheres de sopa de suco de laranja

Casca ralada de 1 laranja

Bata a manteiga ou margarina até ficar macia. Bata gradualmente o açúcar de confeiteiro, o suco de laranja e as raspas até misturar bem.

Cobertura de creme de queijo

O suficiente para cobrir um bolo de 25cm/9

75 g/3 onças/1/3 xícara de cream cheese

30 ml/2 colheres de sopa de manteiga ou margarina

350g/12oz/2 xícaras (de confeiteiro) de açúcar peneirado

5 ml/1 colher de chá de essência de baunilha (extrato)

Bata o queijo e a manteiga ou margarina até ficar leve e fofo. Bata gradualmente o açúcar de confeiteiro e a essência de baunilha até obter uma cobertura cremosa e lisa.

Esmalte de laranja

O suficiente para cobrir um bolo de 25cm/9

250g/9oz/1½ xícara (de confeiteiro) de açúcar, peneirado

30ml/2 colheres de sopa de manteiga ou margarina amolecida

Algumas gotas de essência de amêndoa (extrato)

60 ml/4 colheres de sopa de suco de laranja

Coloque o açúcar em pó numa tigela e misture a manteiga ou margarina e a essência de amêndoa. Aos poucos, misture suco de laranja suficiente para fazer um glacê firme.

Cobertura de licor de laranja

O suficiente para cobrir um bolo de 20cm/8

100g/4oz/½ xícara de manteiga ou margarina, amolecida

450g/1lb/22/3 xícaras (de confeiteiro) de açúcar peneirado

60 ml/4 colheres de sopa de licor de laranja

15 ml/1 colher de sopa de casca de laranja ralada

Bata a manteiga ou margarina com o açúcar até obter um creme claro e fofo. Bata em licor de laranja suficiente para fazer uma consistência para barrar e, em seguida, misture as raspas de laranja.

Biscoitos de aveia e passas

Faça 20

175 g/6 onças/¾ xícara de farinha comum (para todos os fins)

150 g/5 onças/1¼ xícaras de aveia em flocos

5 ml/1 colher de chá de gengibre em pó

2,5 ml/½ colher de chá de fermento em pó

2,5 ml/½ colher de chá de bicarbonato de sódio (bicarbonato de sódio)

100g/4oz/½ xícara de açúcar mascavo

50 g/2 onças/1/3 xícara de passas

1 ovo, levemente batido

150 ml/¼ pt/2/3 xícara de óleo

60 ml/4 colheres de sopa de leite

Misture os ingredientes secos, acrescente as passas e faça um buraco no meio. Adicione o ovo, o óleo e o leite e misture até formar uma massa macia. Coloque a mistura em uma assadeira sem untar e achate levemente com um garfo. Asse em forno pré-aquecido a 200°C/400°F/gás marca 6 por 10 minutos até dourar.

Biscoitos de aveia com especiarias

Faça 30

100g/4oz/½ xícara de manteiga ou margarina, amolecida

100g/4oz/½ xícara de açúcar mascavo

100g/4oz/½ xícara de açúcar duro (superfino)

1 ovo

2,5 ml/½ colher de chá de essência de baunilha (extrato)

100 g/4 onças/1 xícara de farinha comum (para todos os fins)

2,5 ml/½ colher de chá de bicarbonato de sódio (bicarbonato de sódio)

Pitada de sal

5 ml/1 colher de chá de canela em pó

Uma pitada de noz moscada ralada

100 g/4 onças/1 xícara de farinha de aveia

50 g/2 onças/½ xícara de nozes mistas picadas

50g/2oz/½ xícara de gotas de chocolate

Bata a manteiga ou margarina com os açúcares até obter um creme claro e fofo. Aos poucos, misture os ovos e a essência de baunilha. Misture a farinha, o bicarbonato, o sal e as especiarias e acrescente à mistura. Junte a aveia, as nozes e as pepitas de chocolate. Coloque colheres de chá arredondadas em uma assadeira untada e asse os biscoitos em forno pré-aquecido a 180°C/350°F/gás marca 4 por 10 minutos até dourar levemente.

Biscoitos integrais de aveia

Faça 24

100g/4oz/½ xícara de manteiga ou margarina

200g/7oz/1¾ xícara de aveia em flocos

75 g/3 onças/¾ xícara de farinha de trigo integral (trigo integral)

50 g/2 onças/½ xícara de farinha comum (para todos os fins)

5 ml/1 colher de chá de fermento em pó

50g/2oz/¼ xícara de açúcar demerara

1 ovo, levemente batido

30 ml/2 colheres de sopa de leite

Esfregue a manteiga ou margarina na farinha de aveia, farinha e fermento em pó até que a mistura se pareça com farinha de rosca. Misture o açúcar e, em seguida, misture o ovo e o leite para fazer uma massa dura. Abra a massa em uma superfície levemente enfarinhada com cerca de 1 cm/½ de espessura e corte em círculos com um cortador de 5 cm/2. Coloque o(s) biscoito(s) em uma assadeira(s) untada(s) e asse em forno pré-aquecido a 190°C/375°F/gás marca 5 por cerca de 15 minutos até dourar.

biscoitos de laranja

Faça 24

100g/4oz/½ xícara de manteiga ou margarina, amolecida

50g/2oz/¼ xícara de açúcar em pó (superfino)

Casca ralada de 1 laranja

150g/5oz/1¼ xícaras de farinha com fermento

Bata a manteiga ou margarina e o açúcar até obter um creme claro e fofo. Processe as raspas de laranja e acrescente a farinha para formar uma mistura espessa. Forme bolinhas do tamanho de uma noz e espalhe bem em uma assadeira untada (biscoito), depois pressione levemente com um garfo para achatá-las. Asse os biscoitos (biscoitos) em forno pré-aquecido a 180°C/350°F/gás marca 4 por 15 minutos até dourar.

Biscoitos de laranja e limão

Faça 30

50 g/2 onças/¼ xícara de manteiga ou margarina, amolecida

75g/3oz/1/3 xícara de açúcar em pó (superfino)

1 gema de ovo

Casca ralada de ½ laranja

15 ml/1 colher de sopa de suco de limão

150g/5oz/1¼ xícaras de farinha comum (para todos os fins)

2,5 ml/½ colher de chá de fermento em pó

Pitada de sal

Bata a manteiga ou margarina e o açúcar até obter um creme claro e fofo. Junte aos poucos a gema de ovo, a casca de laranja e o suco de limão, depois acrescente a farinha, o fermento e o sal até formar uma massa firme. Embrulhe e filme plástico (filme plástico) e leve à geladeira por 30 minutos.

Em uma superfície levemente enfarinhada, abra com cerca de 5 mm/¼ de espessura e corte as formas com um cortador de biscoitos. Coloque os biscoitos em uma assadeira untada (cookie) e asse em forno pré-aquecido a 190°C/375°F/gás marca 5 por 10 minutos.

Biscoitos de laranja e nozes

Faça 16

100g/4oz/½ xícara de manteiga ou margarina

75g/3oz/1/3 xícara de açúcar em pó (superfino)

Casca ralada de ½ laranja

150g/5oz/1¼ xícaras de farinha com fermento

50 g/2 onças/½ xícara de nozes moídas

Bata a manteiga ou margarina com 50g/2oz/¼ xícara de açúcar e as raspas de laranja até ficar homogêneo e cremoso. Adicione a farinha e as nozes e bata novamente até que a mistura comece a se unir. Forme bolas e achate-as em uma assadeira untada. Asse os biscoitos (biscoitos) em forno pré-aquecido a 190°C/375°F/temperatura do gás 5 por 10 minutos até que as bordas fiquem douradas. Polvilhe com o açúcar reservado e deixe esfriar um pouco antes de transferir para uma grade para esfriar.

Brownies de laranja e chocolate

Faça 30

50 g/2 onças/¼ xícara de manteiga ou margarina, amolecida

75 g/3 onças/1/3 xícara de banha (gordura)

175g/6oz/¾ xícara de açúcar mascavo

100g/7oz/1¾ xícara de farinha integral (integral)

75 g/3 onças/¾ xícara de amêndoas moídas

10 ml/2 colheres de chá de fermento em pó

75 g/3 onças/¾ xícara de gotas de chocolate

Casca ralada de 2 laranjas

15 ml/1 colher de sopa de suco de laranja

1 ovo

Açúcar de ferro (superfino) para polvilhar

Misture a manteiga ou margarina, a banha e o açúcar mascavo até obter um creme claro e fofo. Adicione o restante dos ingredientes, exceto o açúcar e misture em uma massa. Estenda em uma superfície enfarinhada até 5 mm/¼ de espessura e corte em biscoitos com um cortador de biscoitos. Espalhe em uma assadeira untada (biscoito) e asse em forno pré-aquecido a 180°C/350°F/gás marca 4 por 20 minutos até dourar.

Biscoitos de laranja com especiarias

Faça 10

225 g/8 onças/2 xícaras de farinha comum (para todos os fins)

2,5 ml/½ colher de chá de canela em pó

Uma pitada de especiarias mistas (torta de maçã)

75g/3oz/1/3 xícara de açúcar em pó (superfino)

150g/5oz/2/3 xícara de manteiga ou margarina, amolecida

2 gemas

Casca ralada de 1 laranja

75 g/3 oz/¾ xícara de chocolate meio amargo

Misture a farinha e as especiarias e, em seguida, misture o açúcar. Bata a manteiga ou margarina, as gemas e a casca de laranja e misture até obter uma massa lisa. Embrulhe em filme plástico (filme plástico) e leve à geladeira por 1 hora.

Coloque a massa em um saco de confeitar com uma ponta grande em estrela (ponta) e coloque em uma assadeira untada (cortador de biscoitos). Asse em forno pré-aquecido a 190°C/375°F/gás marca 5 por 10 minutos até dourar. Deixe esfriar.

Derreta o chocolate em uma tigela resistente ao calor colocada sobre uma panela com água levemente fervente. Mergulhe as pontas dos biscoitos no chocolate derretido e deixe sobre o papel manteiga até endurecer.

biscoitos de manteiga de amendoim

Faça 18

100g/4oz/½ xícara de manteiga ou margarina, amolecida

100g/4oz/½ xícara de açúcar duro (superfino)

100 g/4 onças/½ xícara de manteiga de amendoim crocante ou lisa

60ml/4 colheres de sopa de xarope dourado (milho light)

15 ml/1 colher de sopa de leite

175g/6oz/1½ xícaras de farinha comum (para todos os fins)

2,5 ml/½ colher de chá de bicarbonato de sódio (bicarbonato de sódio)

Bata a manteiga ou margarina e o açúcar até obter um creme claro e fofo. Misture a manteiga de amendoim, depois a calda e o leite. Combine a farinha e o bicarbonato de sódio e dobre na mistura, em seguida, amasse até ficar homogêneo. Molde em um log e leve à geladeira até ficar firme.

Corte em fatias de 5 mm/¼ de espessura e disponha em uma assadeira levemente untada (biscoitos). Asse os biscoitos (biscoitos) em forno pré-aquecido a 180°C/350°F/gás marca 4 por 12 minutos até dourar.

Rolinhos de Chocolate com Manteiga de Amendoim

Faça 24

50 g/2 onças/¼ xícara de manteiga ou margarina, amolecida

50 g/2 oz/¼ xícara de açúcar mascavo

50g/2oz/¼ xícara de açúcar em pó (superfino)

50 g/2 onças/¼ xícara de manteiga de amendoim lisa

1 gema de ovo

75 g/3 onças/¾ xícara de farinha comum (para todos os fins)

2,5 ml/½ colher de chá de bicarbonato de sódio (bicarbonato de sódio)

50 g/2 onças/½ xícara de chocolate meio amargo

Bata a manteiga ou margarina com os açúcares até obter um creme claro e fofo. Aos poucos, misture a manteiga de amendoim e depois a gema de ovo. Combine a farinha e o bicarbonato de sódio e misture na mistura para formar uma massa dura. Enquanto isso, derreta o chocolate em uma tigela refratária sobre uma panela com água fervendo levemente. Abra a massa em 30 x 46 cm/12 x 18 e espalhe o chocolate derretido quase até as bordas. Enrole o lado mais longo, embrulhe em filme plástico (filme plástico) e leve à geladeira até firmar.

Corte o rolo em fatias de 5 mm/¼ e coloque em uma assadeira sem untar (biscoito). Asse em forno pré-aquecido a 180°C/350°F/gás marca 4 por 10 minutos até dourar.

Biscoitos de Aveia com Manteiga de Amendoim

Faça 24

75 g/3 onças/1/3 xícara de manteiga ou margarina, amolecida

75 g/3 onças/1/3 xícara de manteiga de amendoim

150g/5oz/2/3 xícara de açúcar mascavo

1 ovo

50 g/2 onças/½ xícara de farinha comum (para todos os fins)

2,5 ml/½ colher de chá de fermento em pó

Pitada de sal

Algumas gotas de essência de baunilha (extrato)

75 g/3 onças/¾ xícara de aveia em flocos

40 g/1½ oz/1/3 xícara de gotas de chocolate

Misture a manteiga ou margarina, a manteiga de amendoim e o açúcar até obter um creme claro e fofo. Bata o ovo aos poucos. Junte a farinha, o fermento e o sal. Junte a essência de baunilha, a aveia e as pepitas de chocolate. Coloque as colheradas em uma assadeira untada e asse os biscoitos em forno pré-aquecido a 180°C/350°F/gás marca 4 por 15 minutos.

Biscoitos de Manteiga de Amendoim e Coco com Mel

Faça 24

120 ml/4 fl oz/½ xícara de óleo

175 g/6 onças/½ xícara de mel puro

175 g/6 onças/¾ xícara de manteiga de amendoim crocante

1 ovo, batido

100 g/4 onças/1 xícara de farinha de aveia

225 g/8 onças/2 xícaras de farinha de trigo integral (trigo integral)

50 g/2 onças/½ xícara de coco ralado (ralado)

Misture o óleo, o mel, a manteiga de amendoim e o ovo e acrescente o restante dos ingredientes. Coloque colheradas em uma assadeira untada (para biscoitos) e alise levemente até obter uma espessura de cerca de ¼/6 mm. Asse os biscoitos (biscoitos) em forno pré-aquecido a 180°C/350°F/gás marca 4 por 12 minutos até dourar.

Biscoitos com nozes

Faça 24

100g/4oz/½ xícara de manteiga ou margarina, amolecida

45ml/3 colheres de sopa de açúcar mascavo

100 g/4 onças/1 xícara de farinha comum (para todos os fins)

Pitada de sal

5 ml/1 colher de chá de essência de baunilha (extrato)

100 g/4 onças/1 xícara de nozes, picadas finamente

Açúcar em pó (confeiteiro), peneirado, para polvilhar

Bata a manteiga ou margarina e o açúcar até obter um creme claro e fofo. Bata aos poucos o restante dos ingredientes, exceto o açúcar de confeiteiro. Forme bolas de 3cm/1½ e coloque em uma assadeira (biscoito) untada. Asse os biscoitos (biscoitos) em forno pré-aquecido a 160°C/325°F/gás marca 3 por 15 minutos até dourar. Sirva polvilhado com açúcar em pó.

biscoitos cata-vento

Faça 24

175g/6oz/1½ xícaras de farinha comum (para todos os fins)

5 ml/1 colher de chá de fermento em pó

Pitada de sal

75 g/3 onças/1/3 xícara de manteiga ou margarina

75g/3oz/1/3 xícara de açúcar em pó (superfino)

Algumas gotas de essência de baunilha (extrato)

20 ml / 4 colheres de chá de água

10 ml/2 colheres de chá de cacau (chocolate sem açúcar) em pó

Misture a farinha, o fermento e o sal, depois acrescente a manteiga ou margarina até obter uma farofa. Misture o açúcar. Adicione a essência de baunilha e a água e misture até obter uma massa lisa. Forme uma bola e depois corte ao meio. Misture o cacau na metade da massa. Enrole cada pedaço de massa em um retângulo de 25 x 18 cm/10 x 7 e coloque-os um sobre o outro. Role suavemente para ficar juntos. Enrole a massa pelo lado comprido e pressione-a suavemente. Embrulhe em película aderente (filme plástico) e leve ao frigorífico cerca de 30 minutos.

Corte em fatias de 2,5 cm/1 de espessura e espalhe bem em uma assadeira untada. Asse os biscoitos (biscoitos) em forno pré-aquecido a 180°C/350°F/gás marca 4 por 15 minutos até dourar.

Biscoitos amanteigados rápidos

Faça 12

75 g/3 onças/1/3 xícara de manteiga ou margarina

225 g/8 onças/2 xícaras de farinha comum (para todos os fins)

15 ml/1 colher de sopa de fermento em pó

2,5 ml/½ colher de chá de sal

175 ml/6 fl oz/¾ xícara de leitelho

Açúcar em pó (de confeiteiro), peneirado, para polvilhar (opcional)

Esfregue a manteiga ou margarina na farinha, fermento e sal até que a mistura se pareça com farinha de rosca. Adicione o leitelho aos poucos para obter uma massa macia. Abra a mistura em uma superfície levemente enfarinhada com cerca de 2 cm/¾ de espessura e corte em círculos com um cortador de biscoitos. Coloque os biscoitos em uma assadeira untada (cookie) e asse em forno pré-aquecido a 230°C/450°F/gás marca 8 por 10 minutos até dourar. Polvilhe com açúcar em pó, se desejar.

Biscoitos com passas

Faça 24

100g/4oz/½ xícara de manteiga ou margarina, amolecida

50g/2oz/¼ xícara de açúcar em pó (superfino)

Raspas de 1 limão

50 g/2 onças/1/3 xícara de passas

150g/5oz/1¼ xícaras de farinha com fermento

Bata a manteiga ou margarina e o açúcar até obter um creme claro e fofo. Trabalhe as raspas de limão e misture as passas e a farinha para fazer uma mistura espessa. Forme bolinhas do tamanho de uma noz e espalhe bem em uma assadeira untada (biscoito), depois pressione levemente com um garfo para achatá-las. Asse os biscoitos (biscoitos) em forno pré-aquecido a 180°C/350°F/gás marca 4 por 15 minutos até dourar.

Biscoitos macios com passas

Faça 36

100 g/4 onças/2/3 xícara de passas

90 ml/6 colheres de sopa de água fervente

50 g/2 onças/¼ xícara de manteiga ou margarina, amolecida

175g/6oz/¾ xícara (superfino) de açúcar

1 ovo, levemente batido

2,5 ml/½ colher de chá de essência de baunilha (extrato)

175g/6oz/1½ xícaras de farinha comum (para todos os fins)

2,5 ml/½ colher de chá de fermento em pó

1,5 ml/¼ colher de chá de bicarbonato de sódio (bicarbonato de sódio)

2,5 ml/½ colher de chá de sal

2,5 ml/½ colher de chá de canela em pó

Uma pitada de noz moscada ralada

50 g/2 onças/½ xícara de nozes mistas picadas

Coloque as passas e a água fervente em uma panela, leve ao fogo, tampe e deixe ferver por 3 minutos. Deixe esfriar. Bata a manteiga ou margarina e o açúcar até obter um creme claro e fofo. Aos poucos, misture os ovos e a essência de baunilha. Adicione a farinha, o fermento, o bicarbonato, o sal e as especiarias alternadamente com as passas e o líquido do molho. Misture as nozes e misture em uma massa macia. Embrulhe em filme plástico (filme plástico) e leve à geladeira por pelo menos 1 hora.

Coloque a massa às colheradas em uma assadeira (biscoitos) untada e asse os biscoitos (biscoitos) em forno pré-aquecido a 180°C/350°F/gás marca 4 por 10 minutos até dourar.

Fatias de passas e xarope de melaço

Faça 24

25 g/1 oz/2 colheres de sopa de manteiga ou margarina amolecida

100g/4oz/½ xícara de açúcar duro (superfino)

1 gema de ovo

30 ml/2 colheres de sopa de melaço (melaço blackstrap)

75 g/3 onças/½ xícara de groselha

150g/5oz/1¼ xícaras de farinha comum (para todos os fins)

5 ml/1 colher de chá de bicarbonato de sódio (bicarbonato de sódio)

5 ml/1 colher de chá de canela em pó

Pitada de sal

30 ml/2 colheres de sopa de café preto frio

Bata a manteiga ou margarina e o açúcar até obter um creme claro e fofo. Aos poucos, misture a gema de ovo e o xarope de melaço e, em seguida, misture as passas. Misture a farinha, o bicarbonato, a canela e o sal e misture na mistura de café. Cubra e refrigere a mistura.

Estenda até 30 cm/12 quadrados e, em seguida, enrole em um tronco. Coloque em uma assadeira untada (biscoitos) e asse em forno pré-aquecido a 180°C/350°F/gás marca 4 por 15 minutos, até ficar firme ao toque. Corte em fatias e deixe esfriar sobre uma grade.

biscoitos ratafia

Faça 16

100g/4oz/½ xícara de açúcar granulado

50 g/2 onças/¼ xícara de amêndoas moídas

15 ml/1 colher de sopa de arroz moído

1 clara de ovo

25 g/1 oz/¼ xícara de amêndoas laminadas

Misture o açúcar, as amêndoas moídas e o arroz moído. Bata a clara de ovo e continue batendo por 2 minutos. Coloque o(s) biscoito(s) do tamanho de uma noz em uma assadeira forrada com papel de arroz (biscoito) com uma ponta regular de 5 mm/¼. Coloque uma folha de amêndoa em cima de cada biscoito. Asse em forno pré-aquecido a 190°C/375°F/gás marca 5 por 15 minutos até dourar.

Biscoitos de arroz e muesli

Faça 24

75 g/3 onças/¼ xícara de arroz integral cozido

50 g/2 onças/½ xícara de muesli

75 g/3 onças/¾ xícara de farinha de trigo integral (trigo integral)

2,5 ml/½ colher de chá de sal

2,5 ml/½ colher de chá de bicarbonato de sódio (bicarbonato de sódio)

5 ml/1 colher de chá de especiarias mistas moídas (torta de maçã).

30 ml/2 colheres de sopa de mel puro

75 g/3 onças/1/3 xícara de manteiga ou margarina, amolecida

Misture o arroz, o muesli, a farinha, o sal, o bicarbonato de sódio e a mistura de especiarias. Bata o mel e a manteiga ou margarina até ficar macio. Bata na mistura de arroz. Faça bolinhas do tamanho de nozes com a mistura e coloque-as bem distribuídas em assadeiras untadas (biscoitos). Achate levemente e asse em forno pré-aquecido a 190°C/375°F/gás marca 5 por 15 minutos ou até dourar. Deixe esfriar por 10 minutos e depois transfira para uma gradinha para esfriar. Guarde em um recipiente hermético.

cremes Roma

Faça 10

25g/1 oz/2 colheres de sopa de gordura

25 g/1 oz/2 colheres de sopa de manteiga ou margarina amolecida

50 g/2 oz/¼ xícara de açúcar mascavo

2,5 ml/½ colher de chá de xarope dourado (milho claro)

50 g/2 onças/½ xícara de farinha comum (para todos os fins)

Pitada de sal

25 g/1 oz/¼ xícara de farinha de aveia

2,5 ml/½ colher de chá de especiarias mistas moídas (rolo de maçã).

2,5 ml/½ colher de chá de bicarbonato de sódio (bicarbonato de sódio)

10 ml/2 colheres de chá de água fervente

Esmalte de manteiga

Misture a banha, a manteiga ou margarina e o açúcar até obter um creme claro e fofo. Misture a calda, depois acrescente a farinha, o sal, a aveia e os temperos misturados e mexa até incorporar bem. Dissolva o bicarbonato de sódio na água e misture até formar uma massa firme. Forme 20 bolinhas iguais e coloque-as bem separadas em assadeiras untadas (biscoitos). Achate ligeiramente com a palma da mão. Asse em forno pré-aquecido a 160°C/325°F/gás marca 3 por 15 minutos. Deixe esfriar na assadeira. Depois de resfriado, coloque os pares de biscoitos em camadas com a cobertura de creme de manteiga (glacê).

biscoitos amanteigados

Faça 48

100g/4oz/½ xícara de manteiga ou margarina dura, amolecida

225 g/8 onças/1 xícara de açúcar mascavo

1 ovo, levemente batido

225 g/8 onças/2 xícaras de farinha comum (para todos os fins)

Clara de ovo para o glacê

30 ml/2 colheres de sopa de amendoim triturado

Bata a manteiga ou margarina e o açúcar até obter um creme claro e fofo. Bata o ovo, depois misture a farinha. Estenda bem fino sobre uma superfície levemente enfarinhada e corte formas com um cortador de biscoitos. Coloque os biscoitos em uma assadeira untada, pincele a parte superior com clara de ovo e polvilhe com amendoim. Asse em forno pré-aquecido a 180°C/350°F/gás marca 4 por 10 minutos até dourar.

Biscoitos com creme azedo

Faça 24

50 g/2 onças/¼ xícara de manteiga ou margarina, amolecida

175g/6oz/¾ xícara (superfino) de açúcar

1 ovo

60 ml/4 colheres de sopa de creme azedo (ácido lático)

2. 5 ml/½ colher de chá de essência de baunilha (extrato)

150g/5oz/1¼ xícaras de farinha comum (para todos os fins)

2,5 ml/½ colher de chá de fermento em pó

75 g/3 onças/½ xícara de passas

Bata a manteiga ou margarina e o açúcar até obter um creme claro e fofo. Aos poucos, misture o ovo, o creme de leite e a essência de baunilha. Junte a farinha, o fermento e as passas e envolva bem na mistura. Coloque colheres de chá cheias da mistura em formas (de biscoito) levemente untadas e asse em forno pré-aquecido a 180°C/350°F/gás marca 4 por cerca de 10 minutos até dourar.

Biscoitos de açúcar mascavo

Faça 24

100g/4oz/½ xícara de manteiga ou margarina, amolecida

100g/4oz/½ xícara de açúcar mascavo

1 ovo, levemente batido

2,5 ml/1 colher de chá de essência de baunilha (extrato)

150g/5oz/1¼ xícaras de farinha comum (para todos os fins)

2,5 ml/½ colher de chá de bicarbonato de sódio (bicarbonato de sódio)

Pitada de sal

75 g/3 onças/½ xícara de sultanas (passas douradas)

Bata a manteiga ou margarina e o açúcar até obter um creme claro e fofo. Aos poucos, misture os ovos e a essência de baunilha. Misture os ingredientes restantes até ficar homogêneo. Coloque colheres de chá cheias e bem separadas em uma assadeira levemente untada (para biscoitos). Asse os biscoitos (biscoitos) em forno pré-aquecido a 180°C/350°F/temperatura de gás 4 por 12 minutos até dourar.

Biscoitos com açúcar e noz-moscada

Faça 24

50 g/2 onças/¼ xícara de manteiga ou margarina, amolecida

100g/4oz/½ xícara de açúcar duro (superfino)

1 gema de ovo

2,5 ml/½ colher de chá de essência de baunilha (extrato)

150g/5oz/1¼ xícaras de farinha comum (para todos os fins)

5 ml/1 colher de chá de fermento em pó

Uma pitada de noz moscada ralada

60 ml/4 colheres de sopa de creme azedo (ácido lático)

Bata a manteiga ou margarina e o açúcar até obter um creme claro e fofo. Bata a gema e a essência de baunilha, depois acrescente a farinha, o fermento e a noz-moscada. Mexa o creme até ficar homogêneo. Cubra e refrigere por 30 minutos.

Abra a massa com 5 mm/¼ de espessura e corte em círculos de 5 cm/2 com um cortador de biscoitos. Coloque os biscoitos em uma assadeira não untada e asse em forno pré-aquecido a 200°C/400°F/gás marca 6 por 10 minutos até dourar.

bolo seco friável

Faça 8

150g/5oz/1¼ xícaras de farinha comum (para todos os fins)

Pitada de sal

25 g/1 oz/¼ xícara de farinha de arroz ou arroz moído

50g/2oz/¼ xícara de açúcar em pó (superfino)

100 g/4 onças/¼ xícara de manteiga ou margarina dura, resfriada e ralada

Misture a farinha, sal e farinha de arroz ou arroz moído. Junte o açúcar e depois a manteiga ou margarina. Pressione a mistura com a ponta dos dedos até que pareça uma farinha de rosca. Pressione em uma forma de sanduíche de 18 cm/7 polegadas e alise a parte superior. Pique tudo com um garfo e corte em oito fatias iguais, que você corta até o fundo. Leve à geladeira por 1 hora.

Asse em forno pré-aquecido a 150°C/300°F/gás marca 2 por 1 hora até ficar com uma cor de palha pálida. Deixe esfriar na forma antes de inverter.

bolo de Natal

Faça 12

175 g/6 onças/¾ xícara de manteiga ou margarina

250g/9oz/2¼ xícaras de farinha comum (para todos os fins)

75g/3oz/1/3 xícara de açúcar em pó (superfino)

Para o curativo:

15 ml/1 colher de sopa de amêndoas picadas

15 ml/1 colher de sopa de nozes picadas

30 ml/2 colheres de sopa de passas

30 ml/2 colheres de sopa de cerejas cristalizadas (cristalizadas), picadas

Raspas de 1 limão

15 ml/1 colher de sopa de açúcar refinado (superfino) para polvilhar

Esfregue a manteiga ou margarina na farinha até que a mistura se assemelhe a farinha de rosca. Misture o açúcar. Pressione a mistura em uma pasta e amasse até ficar homogêneo. Pressione em uma forma de rolo de gelatina untada e nivele a superfície. Misture os ingredientes para o molho e amasse-os em uma pasta. Marque em 12 dedos e asse em forno pré-aquecido a 180°C/350°F/gás marca 4 por 30 minutos. Polvilhe com açúcar, corte em dedos e deixe arrefecer na forma.

bolo de mel

Faça 12

100g/4oz/½ xícara de manteiga ou margarina, amolecida

Kit de mel de 75 g/3 onças/¼ xícara

200g/7oz/1¾ xícaras de farinha integral (integral)

25 g/1 oz/¼ xícara de farinha de arroz integral

Raspas de 1 limão

Misture a manteiga ou margarina e o mel até ficar macio. Misture a farinha e as raspas de limão e amasse até formar uma massa macia. Forre uma forma untada e enfarinhada de 18cm/7 (assadeira) ou uma forma de biscoito amanteigado e pique tudo com um garfo. Marque 12 fatias e dobre as bordas. Leve à geladeira por 1 hora.

Asse em forno pré-aquecido a 150°C/300°F/gás marca 2 por 40 minutos até dourar. Corte nos pedaços marcados e deixe esfriar na forma.

Bolo de limão

Faça 12

100 g/4 onças/1 xícara de farinha comum (para todos os fins)

50 g/2 onças/½ xícara de fubá (amido de milho)

100g/4oz/½ xícara de manteiga ou margarina, amolecida

50g/2oz/¼ xícara de açúcar em pó (superfino)

Raspas de 1 limão

Açúcar de ferro (superfino) para polvilhar

Peneire a farinha e o fubá juntos. Bata a manteiga ou margarina até ficar macia, depois bata o açúcar até ficar claro e fofo. Misture as raspas de limão e bata na mistura de farinha até misturar bem. Abra a massa curta em 20 cm/8 rodelas e coloque em uma assadeira untada (biscoito). Fure tudo com um garfo e rale as bordas. Corte em 12 fatias e polvilhe com açúcar. Leve à geladeira por 15 minutos. Asse em forno pré-aquecido a 160°C/325°F/gás marca 3 por 35 minutos até dourar. Deixe esfriar na assadeira por 5 minutos antes de desenformar sobre uma gradinha para esfriar.

Massa curta feita de carne picada

Faça 8

175 g/6 onças/¾ xícara de manteiga ou margarina, amolecida

50g/2oz/¼ xícara de açúcar em pó (superfino)

225 g/8 onças/2 xícaras de farinha comum (para todos os fins)

60 ml/4 colheres de sopa de carne picada

Bata a manteiga ou margarina e o açúcar até ficar macio. Junte a farinha e depois a carne picada. Pressione em uma forma de sanduíche de 23 cm / 7 e alise a parte superior. Pique tudo com um garfo e corte em oito fatias. Leve à geladeira por 1 hora.

Asse em forno pré-aquecido a 160°C/325°F/gás marca 3 por 1 hora até ficar com uma cor de palha pálida. Deixe esfriar na forma antes de inverter.

Pastel curto com nozes

Faça 12

100g/4oz/½ xícara de manteiga ou margarina, amolecida

50g/2oz/¼ xícara de açúcar em pó (superfino)

100 g/4 onças/1 xícara de farinha comum (para todos os fins)

50 g/2 onças/½ xícara de arroz moído

50 g/2 onças/½ xícara de amêndoas, finamente picadas

Bata a manteiga ou margarina e o açúcar até obter um creme claro e fofo. Junte a farinha e o arroz moído. Misture as nozes e misture em uma massa firme. Amasse levemente até ficar homogêneo. Pressione no fundo de uma assadeira untada (forma de gelatina) e nivele a superfície. Fure tudo com um garfo. Asse em forno pré-aquecido a 160°C/325°F/gás marca 3 por 45 minutos até dourar. Deixe esfriar na forma por 10 minutos, depois corte em dedos. Deixe na forma para esfriar antes de desenformar.

pão de laranja

Faça 12

100 g/4 onças/1 xícara de farinha comum (para todos os fins)

50 g/2 onças/½ xícara de fubá (amido de milho)

100g/4oz/½ xícara de manteiga ou margarina, amolecida

50g/2oz/¼ xícara de açúcar em pó (superfino)

Casca ralada de 1 laranja

Açúcar de ferro (superfino) para polvilhar

Peneire a farinha e o fubá juntos. Bata a manteiga ou margarina até ficar macia, depois bata o açúcar até ficar claro e fofo. Misture as raspas de laranja e bata na mistura de farinha até misturar bem. Abra a massa curta em 20 cm/8 rodelas e coloque em uma assadeira untada (biscoito). Fure tudo com um garfo e rale as bordas. Corte em 12 fatias e polvilhe com açúcar. Leve à geladeira por 15 minutos. Asse em forno pré-aquecido a 160°C/325°F/gás marca 3 por 35 minutos até dourar. Deixe esfriar na assadeira por 5 minutos antes de desenformar sobre uma gradinha para esfriar.

Bolinho do Homem Rico

Faça 36

Para a base:
225 g/8 onças/1 xícara de manteiga ou margarina

275g/10oz/2½ xícaras de farinha comum (para todos os fins)

100g/4oz/½ xícara de açúcar duro (superfino)

Para o recheio:
225 g/8 onças/1 xícara de manteiga ou margarina

225 g/8 onças/1 xícara de açúcar mascavo

60ml/4 colheres de sopa de xarope dourado (milho light)

400 g de leite condensado em lata

Algumas gotas de essência de baunilha (extrato)

Para o curativo:
225 g/8 onças/2 xícaras de chocolate simples (meio-doce)

A base é feita esfregando manteiga ou margarina na farinha, depois misturando o açúcar e amassando uma massa firme. Pressione no fundo de uma assadeira untada (forma de enrolar) forrada com papel alumínio. Asse em forno pré-aquecido a 180°C/350°F/gás marca 4 por 35 minutos até dourar. Deixe no modelo para esfriar.

Para preparar o recheio, derreta a manteiga ou margarina, o açúcar, a calda e o leite condensado em uma panela em fogo baixo, mexendo sempre. Deixe ferver e cozinhe lentamente por 7 minutos, mexendo sempre. Retire do fogo, acrescente a essência de baunilha e misture bem. Despeje sobre a base e deixe esfriar e endurecer.

Derreta o chocolate em uma tigela resistente ao calor colocada sobre uma panela com água levemente fervente. Espalhe sobre a camada de caramelo e corte em padrões com um garfo. Deixe esfriar e endurecer, depois corte em quadrados.

Bolo de aveia integral

Faça 10

100g/4oz/½ xícara de manteiga ou margarina

150g/5oz/1¼ xícaras de farinha integral (integral)

25 g/1 oz/¼ xícara de farinha de aveia

50 g/2 oz/¼ xícara de açúcar mascavo

Esfregue a manteiga ou margarina na farinha até que a mistura se assemelhe a farinha de rosca. Misture o açúcar e amasse levemente em uma massa macia e quebradiça. Em uma superfície levemente enfarinhada, abra com cerca de 1 cm/½ de espessura e corte em círculos de 5 cm/2 com um cortador de biscoitos. Transfira com cuidado para uma forma untada (biscoito) e asse em forno pré-aquecido a 150°C/300°F/gás marca 3 por cerca de 40 minutos, até dourar e firmar.

redemoinhos de amêndoa

Faça 16

175 g/6 onças/¾ xícara de manteiga ou margarina, amolecida

50g/2oz/1/3 xícara de açúcar em pó (de confeiteiro), peneirado

2,5 ml/½ colher de chá de essência de amêndoa (extrato)

175g/6oz/1½ xícaras de farinha comum (para todos os fins)

8 cerejas glaceadas (cristalizadas), cortadas ao meio ou em quartos

Açúcar em pó (confeiteiro), peneirado, para polvilhar

Bata a manteiga ou margarina e o açúcar. Bata a essência de amêndoa e a farinha. Transfira a mistura para um saco de confeitar com bico estrela grande (tip). Enrole o tubo 16 em uma assadeira untada (biscoito). Cubra cada um individualmente com um pedaço de cereja. Asse em forno pré-aquecido a 160°C/325°F/gás marca 3 por 20 minutos até dourar. Deixe esfriar na assadeira por 5 minutos, depois transfira para uma gradinha e polvilhe com açúcar de confeiteiro.

Bolo de merengue de chocolate

Faça 24

100g/4oz/½ xícara de manteiga ou margarina, amolecida

5 ml/1 colher de chá de essência de baunilha (extrato)

4 claras de ovo

200g/7oz/1¾ xícara de farinha comum (para todos os fins)

50g/2oz/¼ xícara de açúcar em pó (superfino)

45 ml/3 colheres de sopa de cacau (chocolate sem açúcar) em pó

100g/4oz/2/3 xícara (de confeiteiro) de açúcar, peneirado

Bata a manteiga ou margarina, a essência de baunilha e duas claras. Misture a farinha, o açúcar e o cacau e, aos poucos, incorpore à mistura de manteiga. Pressione em uma forma quadrada de 30cm/12 untada (assadeira). Bata as restantes claras com o açúcar em pó e espalhe por cima. Asse em forno pré-aquecido a 190°C/375°F/gás marca 5 por 20 minutos até dourar. Corte em palitos.

Cookie Pessoas

Faz cerca de 12

100g/4oz/½ xícara de manteiga ou margarina, amolecida

100g/4oz/½ xícara de açúcar duro (superfino)

1 ovo, batido

225 g/8 onças/2 xícaras de farinha comum (para todos os fins)

Algumas groselhas e cerejas cristalizadas (cristalizadas)

Bata a manteiga ou margarina e o açúcar. Adicione o ovo aos poucos e bata bem. Misture a farinha com uma colher de metal. Estenda a mistura em uma superfície levemente enfarinhada até cerca de 5 mm/¼ de espessura. Corte as pessoas com um cortador de biscoito (biscoito) ou faca e enrole as sobras novamente até acabar toda a massa. Coloque em uma assadeira untada (biscoito) e pressione as passas para fazer os olhos e os botões. Corte fatias de cereja para a boca. Asse os biscoitos (biscoitos) em forno pré-aquecido a 190°C/375°F/gás marca 5 por 10 minutos até dourar. Deixe esfriar sobre uma gradinha.

Gingerbread Gelado

Faz dois bolos de 20cm/8

Para o pastel:

225 g/8 onças/1 xícara de manteiga ou margarina, amolecida

100g/4oz/½ xícara de açúcar duro (superfino)

275g/10oz/2½ xícaras de farinha comum (para todos os fins)

10 ml/2 colheres de chá de fermento em pó

10ml/2 colheres de chá de gengibre em pó

Para o esmalte (esmalte):

50 g/2 onças/¼ xícara de manteiga ou margarina

15ml/1 colher de sopa de xarope dourado (milho light)

100g/4oz/2/3 xícara (de confeiteiro) de açúcar, peneirado

5 ml/1 colher de chá de gengibre em pó

Para fazer a massa, misture a manteiga ou margarina e o açúcar até obter um creme claro e fofo. Misture os demais ingredientes da massa até formar uma massa, divida a mistura ao meio e disponha em duas formas de sanduíche de 20cm/8 untadas. Asse em forno pré-aquecido a 160°C/325°F/gasmark 3 por 40 minutos.

Para preparar o glacê, derreta a manteiga ou margarina e a calda em uma panela. Adicione o açúcar em pó e o gengibre e misture bem. Despeje sobre os dois cupcakes e deixe esfriar, depois corte em rodelas.

Biscoitos Shrewsbury

Faça 24

100g/4oz/½ xícara de manteiga ou margarina, amolecida

100g/4oz/½ xícara de açúcar duro (superfino)

1 gema de ovo

225 g/8 onças/2 xícaras de farinha comum (para todos os fins)

5 ml/1 colher de chá de fermento em pó

5 ml/1 colher de chá de casca de limão ralada

Bata a manteiga ou margarina e o açúcar até obter um creme claro e fofo. Acrescente a gema aos poucos, depois acrescente a farinha, o fermento e as raspas de limão, mexendo com as mãos só até a massa ficar homogênea. Estenda com 5mm/¼ de espessura e corte em rodelas de 6cm/2¼ com um cortador de biscoitos. Coloque os biscoitos bem separados em uma assadeira untada e fure-os com um garfo. Asse em forno pré-aquecido a 180°C/350°F/gás marca 4 por 15 minutos até dourar.

Biscoitos Espanhóis Temperados

Faça 16

90 ml/6 colheres de sopa de azeite

100g/4oz/½ xícara de açúcar granulado

100 g/4 onças/1 xícara de farinha comum (para todos os fins)

15 ml/1 colher de sopa de fermento em pó

10 ml/2 colheres de chá de canela em pó

3 ovos

Raspas de 1 limão

30 ml/2 colheres de sopa de açúcar de confeiteiro peneirado

Aqueça o óleo em uma panela pequena. Misture o açúcar, a farinha, o fermento e a canela. Em uma tigela separada, bata os ovos e as raspas de limão até formar uma espuma. Misture os ingredientes secos e o óleo para fazer uma massa lisa. Despeje a massa em uma assadeira bem untada e asse em forno pré-aquecido a 180°C/350°F/gás marca 4 por 30 minutos, até dourar. Vire, deixe esfriar, corte em triângulos e polvilhe os biscoitos (biscoitos) com açúcar de confeiteiro.

Biscoitos de especiarias à moda antiga

Faça 24

75 g/3 onças/1/3 xícara de manteiga ou margarina

50g/2oz/¼ xícara de açúcar em pó (superfino)

45ml/3 colheres de sopa de melaço

175 g/6 onças/¾ xícara de farinha comum (para todos os fins)

5 ml/1 colher de chá de canela em pó

5 ml/1 colher de chá de especiarias mistas moídas (torta de maçã).

2,5 ml/½ colher de chá de gengibre em pó

2,5 ml/½ colher de chá de bicarbonato de sódio (bicarbonato de sódio)

Derreta a manteiga ou margarina, o açúcar e o xarope em fogo baixo. Misture a farinha, os temperos e o bicarbonato de sódio em uma tigela. Despeje na mistura de xarope e mexa até ficar bem combinado. Misture a massa macia e forme pequenas bolas. Espalhe bem separados em uma assadeira untada (biscoitos) e pressione com um garfo. Asse os biscoitos (biscoitos) em forno pré-aquecido a 180°C/350°F/temperatura do gás 4 por 12 minutos, até ficarem firmes e dourados.

Bolinhos de melaço

Faça 24

75 g/3 onças/1/3 xícara de manteiga ou margarina, amolecida

100g/4oz/½ xícara de açúcar mascavo

1 gema de ovo

30 ml/2 colheres de sopa de melaço (melaço blackstrap)

100 g/4 onças/1 xícara de farinha comum (para todos os fins)

5 ml/1 colher de chá de bicarbonato de sódio (bicarbonato de sódio)

Pitada de sal

5 ml/1 colher de chá de canela em pó

2,5 ml/½ colher de chá de cravo moído

Bata a manteiga ou margarina e o açúcar até obter um creme claro e fofo. Bata gradualmente a gema e o melaço. Misture a farinha, o bicarbonato de sódio, o sal e as especiarias e mexa na mistura. Cubra e refrigere.

Enrole a mistura em bolas de 3 cm/1½ e coloque-as em uma assadeira untada (para biscoitos). Asse os biscoitos (biscoitos) em forno pré-aquecido a 180°C/350°F/gás marca 4 por 10 minutos, até firmar.

Biscoitos com melaço, damascos e nozes

Faz cerca de 24

50 g/2 onças/¼ xícara de manteiga ou margarina

50g/2oz/¼ xícara de açúcar em pó (superfino)

50 g/2 oz/¼ xícara de açúcar mascavo

1 ovo, levemente batido

2,5 ml/½ colher de chá de bicarbonato de sódio (bicarbonato de sódio)

30 ml/2 colheres de sopa de água morna

45ml/3 colheres de sopa de melaço

25 g/1 oz de damascos secos preparados, picados

25 g/1 oz/¼ xícara de nozes mistas picadas

100 g/4 onças/1 xícara de farinha comum (para todos os fins)

Pitada de sal

Uma pitada de cravo moído

Bata a manteiga ou margarina com os açúcares até obter um creme claro e fofo. Bata o ovo aos poucos. Misture o bicarbonato de sódio com água, misture na mistura com os ingredientes restantes. Coloque as colheradas em uma assadeira untada (biscoitos) e asse em forno pré-aquecido a 180°C/350°F/gás marca 4 por 10 minutos.

Biscoitos com melaço e leitelho

Faça 24

50 g/2 onças/¼ xícara de manteiga ou margarina, amolecida

50 g/2 oz/¼ xícara de açúcar mascavo

150 ml/¼ pt/2/3 xícara de xarope de melaço preto (melaço)

150 ml/¼ pt/2/3 xícara de leitelho

175g/6oz/1½ xícaras de farinha comum (para todos os fins)

2,5 ml/½ colher de chá de bicarbonato de sódio (bicarbonato de sódio)

Bata a manteiga ou margarina e o açúcar até obter um creme claro e fofo, depois misture o xarope de melaço e o leitelho alternadamente com a farinha e o bicarbonato de sódio. Coloque colheradas grandes em uma assadeira untada (biscoitos) e asse em forno pré-aquecido a 190°C/375°F/gás marca 5 por 10 minutos.

Biscoitos de Melaço e Café

Faça 24

60 g/2½ oz/1/3 xícara de banha (encurtamento)

50 g/2 oz/¼ xícara de açúcar mascavo

75 g/3 oz/¼ xícara de xarope de melaço preto (melaço)

2,5 ml/½ colher de chá de essência de baunilha (extrato)

200g/7oz/1¾ xícara de farinha comum (para todos os fins)

5 ml/1 colher de chá de bicarbonato de sódio (bicarbonato de sódio)

Pitada de sal

2,5 ml/½ colher de chá de gengibre em pó

2,5 ml/½ colher de chá de canela em pó

60 ml/4 colheres de sopa de café preto frio

Misture a gordura e o açúcar até ficar leve e fofo. Misture o melaço e a essência de baunilha. Misture a farinha, o bicarbonato, o sal e as especiarias e mexa na mistura alternadamente com o café. Cubra e leve à geladeira por várias horas.

Abra a massa com 5 mm/¼ de espessura e corte em círculos de 5 cm/2 com um cortador de biscoitos. Coloque os biscoitos em uma assadeira não untada e asse em forno pré-aquecido a 190°C/375°F/gás marca 5 por 10 minutos, até ficar firme ao toque.

Biscoitos feitos de melaço e tâmaras

Faz cerca de 24

50 g/2 onças/¼ xícara de manteiga ou margarina, amolecida

50g/2oz/¼ xícara de açúcar em pó (superfino)

50 g/2 oz/¼ xícara de açúcar mascavo

1 ovo, levemente batido

2,5 ml/½ colher de chá de bicarbonato de sódio (bicarbonato de sódio)

30 ml/2 colheres de sopa de água morna

45ml/3 colheres de sopa de melaço

25 g/1 oz/¼ xícara de tâmaras sem caroço, fatiadas

100 g/4 onças/1 xícara de farinha comum (para todos os fins)

Pitada de sal

Uma pitada de cravo moído

Bata a manteiga ou margarina com os açúcares até obter um creme claro e fofo. Bata o ovo aos poucos. Misture o bicarbonato de sódio com a água e, em seguida, misture na mistura com o restante dos ingredientes. Coloque as colheradas em uma assadeira untada (biscoitos) e asse em forno pré-aquecido a 180°C/350°F/gás marca 4 por 10 minutos.

Biscoitos de Melaço e Gengibre

Faça 24

50 g/2 onças/¼ xícara de manteiga ou margarina, amolecida

50 g/2 oz/¼ xícara de açúcar mascavo

150 ml/¼ pt/2/3 xícara de xarope de melaço preto (melaço)

150 ml/¼ pt/2/3 xícara de leitelho

175g/6oz/1½ xícaras de farinha comum (para todos os fins)

2,5 ml/½ colher de chá de bicarbonato de sódio (bicarbonato de sódio)

2,5 ml/½ colher de chá de gengibre em pó

1 ovo batido para a cobertura

Bata a manteiga ou margarina e o açúcar até obter um creme claro e fofo, depois misture a calda de melaço e o leitelho alternadamente com a farinha, o bicarbonato de sódio e o gengibre em pó. Com colheres grandes, coloque-os em uma assadeira untada (biscoitos) e pincele-os com um ovo batido por cima. Asse em forno pré-aquecido a 190°C/375°F/gás marca 5 por 10 minutos.

Biscoitos de baunilha

Faça 24

150g/5oz/2/3 xícara de manteiga ou margarina, amolecida

100g/4oz/½ xícara de açúcar duro (superfino)

1 ovo, batido

225 g/8 onças/2 xícaras de farinha com fermento

Pitada de sal

10 ml/2 colheres de chá de essência de baunilha (extrato)

Cerejas glaceadas (cristalizadas) para decorar

Bata a manteiga ou margarina e o açúcar até obter um creme claro e fofo. Bata os ovos aos poucos, depois acrescente a farinha, o sal e a essência de baunilha e misture até formar uma massa. Amasse até ficar homogêneo. Embrulhe em filme plástico (filme plástico) e leve à geladeira por 20 minutos.

Abra a massa bem fina e corte círculos com um cortador de biscoitos. Disponha em uma assadeira untada (biscoito) e coloque uma cereja em cada um. Asse os biscoitos em forno pré-aquecido a 180°C/350°F/gás marca 4 por 10 minutos até dourar. Deixe esfriar na assadeira por 10 minutos antes de transferir para uma gradinha para esfriar.

biscoitos de nozes

Faça 36

100g/4oz/½ xícara de manteiga ou margarina, amolecida

100g/4oz/½ xícara de açúcar mascavo

100g/4oz/½ xícara de açúcar duro (superfino)

1 ovo grande, levemente batido

200g/7oz/1¾ xícara de farinha comum (para todos os fins)

5 ml/1 colher de chá de fermento em pó

2,5 ml/½ colher de chá de bicarbonato de sódio (bicarbonato de sódio)

120 ml/4 fl oz/½ xícara de leitelho

50 g/2 onças/½ xícara de nozes picadas

Misture a manteiga ou margarina e os açúcares até formar uma espuma. Aos poucos, misture o ovo e, em seguida, adicione a farinha, o fermento e o bicarbonato de sódio alternadamente com o soro de leite coalhado. Dobre as nozes. Coloque pequenas colheradas em uma assadeira (s) untada (s) e asse os biscoitos (s) em forno pré-aquecido a 190°C/375°F/gás marca 5 por 10 minutos.

biscoitos amanteigados

Faça 24

25g/1oz de fermento fresco ou 40ml/2½ colheres de sopa de fermento seco

450 ml/¾ pt/2 xícaras de leite morno

900 g/2 lb/8 xícaras de farinha simples forte (para pão).

175 g/6 onças/¾ xícara de manteiga ou margarina, amolecida

30 ml/2 colheres de sopa de mel puro

2 ovos, batidos

Ovo batido para o glacê

Misture o fermento com um pouco de leite morno e deixe aquecer por 20 minutos. Coloque a farinha em uma tigela e esfregue a manteiga ou margarina nela. Misture o fermento, o restante do leite morno, o mel e os ovos e misture até obter uma massa macia. Sove em uma superfície levemente enfarinhada até ficar homogêneo e elástico. Coloque em uma tigela untada com óleo, cubra com filme plástico untado com óleo (filme plástico) e deixe em local quente por 1 hora para dobrar de tamanho.

Amasse novamente, depois forme rolinhos compridos e coloque-os em uma assadeira untada (biscoitos). Cubra com papel alumínio untado com óleo e deixe em local aquecido por 20 minutos.

Pincele com ovo batido e leve ao forno pré-aquecido a 200°C/400°F/gás marca 6 por 20 minutos. Deixe esfriar durante a noite.

Corte em fatias finas e asse novamente no forno pré-aquecido a 150°C/300°F/gás marca 2 por 30 minutos até ficar crocante e marrom.

biscoitos cheddar

Faça 12

50 g/2 onças/¼ xícara de manteiga ou margarina

200g/7oz/1¾ xícara de farinha comum (para todos os fins)

15 ml/1 colher de sopa de fermento em pó

Pitada de sal

50 g/2 onças/½ xícara de queijo cheddar ralado

175 ml/6 fl oz/¾ xícara de leite

Esfregue a manteiga ou margarina na farinha, fermento e sal até que a mistura se pareça com farinha de rosca. Misture o queijo e, em seguida, adicione leite suficiente para fazer uma massa macia. Em uma superfície levemente enfarinhada, abra com cerca de 2 cm/¾ de espessura e corte em círculos com um cortador de biscoitos. Arrume os biscoitos (bolachas) em uma assadeira sem untar e leve ao forno pré-aquecido a 200°C/400°F/gás marca 6 por 15 minutos até dourar.

Biscoitos de queijo azul

Faça 12

50 g/2 onças/¼ xícara de manteiga ou margarina

200g/7oz/1¾ xícara de farinha comum (para todos os fins)

15 ml/1 colher de sopa de fermento em pó

50g/2oz/½ xícara de queijo Stilton, ralado ou esfarelado

175 ml/6 fl oz/¾ xícara de leite

Esfregue a manteiga ou margarina na farinha e no fermento até que a mistura se assemelhe a farinha de rosca. Misture o queijo e, em seguida, adicione leite suficiente para fazer uma massa macia. Em uma superfície levemente enfarinhada, abra com cerca de 2 cm/¾ de espessura e corte em círculos com um cortador de biscoitos. Arrume os biscoitos (bolachas) em uma assadeira sem untar e leve ao forno pré-aquecido a 200°C/400°F/gás marca 6 por 15 minutos até dourar.

Biscoitos com queijo e gergelim

Faça 24

75 g/3 onças/1/3 xícara de manteiga ou margarina

75 g/3 onças/¾ xícara de farinha de trigo integral (trigo integral)

75 g/3 oz/¾ xícara de queijo cheddar, ralado

30 ml/2 colheres de sopa de sementes de gergelim

Sal e pimenta-do-reino moída na hora

1 ovo, batido

Esfregue a manteiga ou margarina na farinha até que a mistura se assemelhe a farinha de rosca. Misture o queijo e metade das sementes de gergelim e tempere com sal e pimenta. Pressione juntos para formar uma massa firme. Abra a massa em uma superfície levemente enfarinhada até cerca de 5 mm/¼ de espessura e corte em círculos com um cortador de biscoitos. Coloque os biscoitos (crackers) em uma assadeira (biscoitos) untada, pincele com ovo e polvilhe com o restante do gergelim. Asse em forno pré-aquecido a 190°C/375°F/gás marca 5 por 10 minutos até dourar.

Palitinhos de queijo

Faça 16

225g/8 onças de massa folhada

1 ovo, batido

100g/4oz/1 xícara de cheddar ou queijo duro, ralado

15 ml/1 colher de sopa de queijo parmesão ralado

Sal e pimenta-do-reino moída na hora

Abra a massa (pasta) com cerca de 5 mm/¼ de espessura e cubra generosamente com ovo batido. Polvilhe com queijo e tempere com sal e pimenta a gosto. Corte em tiras, que são suavemente enroladas em espirais. Coloque em uma assadeira umedecida e asse em forno pré-aquecido a 220°C/425°F/gás marca 7 por cerca de 10 minutos, até crescer e dourar.

Biscoitos com queijo e tomate

Faça 12

50 g/2 onças/¼ xícara de manteiga ou margarina

200g/7oz/1¾ xícara de farinha comum (para todos os fins)

15 ml/1 colher de sopa de fermento em pó

Pitada de sal

50 g/2 onças/½ xícara de queijo cheddar ralado

15 ml/1 colher de sopa de extrato de tomate (pasta)

150 ml/¼ pt/2/3 xícara de leite

Esfregue a manteiga ou margarina na farinha, fermento e sal até que a mistura se pareça com farinha de rosca. Junte o queijo, depois o purê de tomate e o leite suficiente para formar uma massa macia. Em uma superfície levemente enfarinhada, abra com cerca de 2 cm/¾ de espessura e corte em círculos com um cortador de biscoitos. Arrume os biscoitos (bolachas) em uma assadeira sem untar e leve ao forno pré-aquecido a 200°C/400°F/gás marca 6 por 15 minutos até dourar.

Mordidas com queijo de cabra

Faça 30

2 folhas de massa filo congelada (pasta), descongelada

50g/2oz/¼ xícara de manteiga sem sal, derretida

50 g/2 onças/½ xícara de queijo de cabra em cubos

5 ml/1 colher de chá Ervas de Provença

Unte a assadeira com manteiga derretida, coloque a segunda folha sobre ela e unte com manteiga. Corte em 30 quadrados iguais, coloque um pedaço de queijo em cada um e polvilhe com ervas. Junte os cantos e torça para selar bem, depois pincele novamente com manteiga derretida. Coloque-os em uma assadeira untada (para biscoitos) e asse em forno pré-aquecido a 180°C/350°F/gás marca 4 por 10 minutos até ficarem crocantes e dourados.

Rolls com presunto e mostarda

Faça 16

225g/8 onças de massa folhada

30 ml/2 colheres de sopa de mostarda francesa

100 g/4 onças/1 xícara de presunto cozido, picado

Sal e pimenta-do-reino moída na hora

Abra a massa (pasta) com cerca de 5 mm/¼ de espessura. Salpique com mostarda, polvilhe com presunto e tempere com sal e pimenta. Enrole a massa em formato de linguiça longa, depois corte em fatias de 1 cm/½ e espalhe em uma assadeira umedecida (para biscoitos). Asse em forno pré-aquecido a 220°C/425°F/gás marca 7 por cerca de 10 minutos, até crescer e dourar.

Biscoitos com presunto e páprica

Faça 30

225 g/8 onças/2 xícaras de farinha comum (para todos os fins)

15 ml/1 colher de sopa de fermento em pó

5 ml/1 colher de chá de tomilho seco

5 ml/1 colher de chá de açúcar em pó (superfino)

2,5 ml/½ colher de chá de gengibre em pó

Uma pitada de noz moscada ralada

Pitada de bicarbonato de sódio (bicarbonato de sódio)

Sal e pimenta-do-reino moída na hora

50 g/2 onças/¼ xícara de gordura vegetal (gordura)

50 g/2 onças/½ xícara de presunto cozido, picado

30 ml/2 colheres de sopa de pimentão verde picado

175 ml/6 fl oz/¾ xícara de leitelho

Misture a farinha, o fermento, o tomilho, o açúcar, o gengibre, a noz-moscada, o bicarbonato, o sal e a pimenta. Esfregue a gordura vegetal até que a mistura se assemelhe a farinha de rosca. Junte o presunto e a pimenta. Aos poucos, adicione o leitelho e misture em uma massa macia. Sove por alguns segundos em uma superfície levemente enfarinhada até ficar homogêneo. Estenda com 2 cm/¾ de espessura e corte em rodelas com um cortador de biscoitos. Coloque os biscoitos, bem espaçados, em uma assadeira(s) untada(s) e asse em forno pré-aquecido a 220°C/425°F/gás marca 7 por 12 minutos, até que estejam inchados e dourados.

Biscoitos de ervas simples

Faça 8

225 g/8 onças/2 xícaras de farinha comum (para todos os fins)

15 ml/1 colher de sopa de fermento em pó

5 ml/1 colher de chá de açúcar em pó (superfino)

2,5 ml/½ colher de chá de sal

50 g/2 onças/¼ xícara de manteiga ou margarina

15 ml/1 colher de sopa de cebolinha fresca picada

Uma pitada de páprica

Pimenta preta moída na hora

45 ml/3 colheres de sopa de leite

45 ml/3 colheres de sopa de água

Misture a farinha, o fermento, o açúcar e o sal. Esfregue a manteiga ou margarina até que a mistura se assemelhe a farinha de rosca. Misture a cebolinha, a páprica e a pimenta a gosto. Junte o leite e a água e misture até formar uma massa macia. Sove até ficar homogêneo em uma superfície levemente enfarinhada, depois abra até 2 cm/¾ de espessura e corte círculos com um cortador de biscoitos. Coloque os biscoitos (bolachas) bem separados em uma assadeira (biscoito) untada e asse em forno pré-aquecido a 200°C/400°F/gás marca 6 por 15 minutos, até ficarem dourados.

biscoitos indianos

serve 4

100 g/4 onças/1 xícara de farinha comum (para todos os fins)

100 g/4 onças/1 xícara de sêmola (creme de trigo)

175g/6oz/¾ xícara (superfino) de açúcar

75 g/3 onças/¾ xícara de farinha de trigo

175 g/6 onças/¾ xícara de ghee

Misture todos os ingredientes em uma tigela e esfregue-os com as palmas das mãos para formar uma massa firme. Você pode precisar de um pouco mais de ghee se a mistura estiver muito seca. Forme pequenas bolas e pressione-as em moldes de biscoito (cracker). Coloque em uma assadeira untada e forrada (para biscoitos) e asse em forno pré-aquecido a 150°C/300°F/gás marca 2 por 30-40 minutos até dourar levemente. Pequenas rachaduras podem aparecer durante o cozimento dos biscoitos.

Massa curta com avelãs e chalotas

Faça 12

75 g/3 onças/1/3 xícara de manteiga ou margarina, amolecida

175 g/6 onças/1½ xícaras de farinha de trigo integral (trigo integral)

10 ml/2 colheres de chá de fermento em pó

1 chalota, finamente picada

50 g/2 onças/½ xícara de avelãs picadas

10 ml/2 colheres de chá de páprica

15 ml/1 colher de sopa de água fria

Esfregue a manteiga ou margarina na farinha e no fermento até que a mistura se assemelhe a farinha de rosca. Misture as chalotas, as avelãs e a páprica. Adicione água fria e pressione juntos para fazer uma massa. Desenrole e pressione em uma forma de 30 x 20 cm/12 x 8 e rocambole (forma de rocambole de gelatina) e pique tudo com um garfo. Marque nos dedos. Asse em forno pré-aquecido a 200°C/400°F/gás marca 6 por 10 minutos até dourar.

Biscoitos com salmão e endro

Faça 12

225 g/8 onças/2 xícaras de farinha comum (para todos os fins)

5 ml/1 colher de chá de açúcar em pó (superfino)

2,5 ml/½ colher de chá de sal

20 ml/4 colheres de chá de fermento em pó

100g/4oz/½ xícara de manteiga ou margarina, em cubos

90 ml/6 colheres de sopa de água

90 ml/6 colheres de sopa de leite

100 g/4 onças/1 xícara de aparas de salmão defumado, em cubos

60 ml/4 colheres de sopa de endro fresco picado (erva de endro)

Misture a farinha, o açúcar, o sal e o fermento em pó, em seguida passe a mistura na manteiga ou margarina até ficar como uma farofa. Aos poucos, misture o leite e a água e misture até formar uma massa macia. Junte o salmão e o endro e mexa até ficar homogêneo. Estenda a 2,5 cm/1 e corte em rodelas com um cortador de biscoitos. Coloque os biscoitos (biscoitos) bem separados em uma assadeira (biscoito) untada e asse em forno pré-aquecido a 220°C/425°F/gás marca 7 por 15 minutos até que estejam inchados e dourados.

Biscoitos refrigerantes

Faça 12

45 ml/3 colheres (sopa) de banha (banha)

225 g/8 onças/2 xícaras de farinha comum (para todos os fins)

5 ml/1 colher de chá de bicarbonato de sódio (bicarbonato de sódio)

5 ml/1 colher de chá de ácido tartárico

Pitada de sal

250 ml/8 fl oz/1 xícara de leitelho

Esfregue a banha na farinha, bicarbonato de sódio, creme de tártaro e sal até que a mistura pareça farinha de rosca. Misture o leite e misture em uma massa macia. Em uma superfície levemente enfarinhada, estenda na espessura de 1 cm/½ e corte com um cortador de biscoitos. Coloque os biscoitos (crackers) em uma assadeira untada (biscoitos) e asse em forno pré-aquecido a 230°C/450°F/gás marca 8 por 10 minutos até dourar.

Rosas com tomate e parmesão

Faça 16

225g/8 onças de massa folhada

30 ml/2 colheres de sopa de purê de tomate (pasta)

100 g/4 onças/1 xícara de queijo parmesão, ralado

Sal e pimenta-do-reino moída na hora

Abra a massa (pasta) com cerca de 5 mm/¼ de espessura. Espalhe com purê de tomate, polvilhe com queijo e tempere com sal e pimenta. Enrole a massa em formato de linguiça longa, depois corte em fatias de 1 cm/½ e espalhe em uma assadeira umedecida (para biscoitos). Asse em forno pré-aquecido a 220°C/425°F/gás marca 7 por cerca de 10 minutos, até crescer e dourar.

Biscoitos de tomate e ervas

Faça 12

225 g/8 onças/2 xícaras de farinha comum (para todos os fins)

5 ml/1 colher de chá de açúcar em pó (superfino)

2,5 ml/½ colher de chá de sal

40 ml/2½ colheres de sopa de fermento em pó

100g/4oz/½ xícara de manteiga ou margarina

30 ml/2 colheres de sopa de leite

30 ml/2 colheres de sopa de água

4 tomates maduros, sem pele, sem sementes e cortados em rodelas

45ml/3 colheres de sopa de manjericão fresco picado

Misture a farinha, o açúcar, o sal e o fermento. Esfregue a manteiga ou margarina até que a mistura se assemelhe a farinha de rosca. Misture o leite, a água, os tomates e o manjericão e misture até formar uma massa macia. Amasse por alguns segundos em uma superfície levemente enfarinhada, depois abra até 2,5 cm/1 e corte círculos com um cortador de biscoitos. Coloque os cookies bem separados em uma assadeira untada e asse em forno pré-aquecido a 230°C/425°F/gás marca 7 por 15 minutos, até ficarem dourados.

pão branco básico

Rende três pães de 450g/1lb

25g/1oz de fermento fresco ou 40ml/2½ colheres de sopa de fermento seco

10 ml/2 colheres de chá de açúcar

900 ml/1½ pt/3¾ xícaras de água morna

25g/1 oz/2 colheres de sopa de gordura

1,5 kg/3 lb/12 xícaras de farinha (de pão) forte

15 ml/1 colher de sopa de sal

Misture o fermento com o açúcar e um pouco de água morna e deixe em local morno por 20 minutos para espumar. Esfregue a banha na farinha e no sal, em seguida, misture a mistura de fermento e água restante suficiente para formar uma massa firme que deixe as laterais da tigela limpas. Sove em uma superfície levemente enfarinhada ou na batedeira até que fique elástica e não pegajosa. Coloque a massa em uma tigela untada com óleo, cubra com filme plástico untado com óleo (filme plástico) e deixe em local aquecido por cerca de 1 hora, até dobrar de tamanho e ficar elástica ao toque.

Sove a massa novamente até ficar firme, divida em três e coloque em formas de pão de 450g/1lb untadas ou modele os pães de sua preferência. Cubra e deixe crescer em um local quente por cerca de 40 minutos, de modo que a massa chegue um pouco acima do topo dos moldes.

Asse em forno pré-aquecido a 230°C/450°F/gás marca 8 por 30 minutos, até que os pães comecem a encolher nas laterais das formas e fiquem dourados e firmes e ocos quando batidos no fundo.

bagels

Faça 12

15 g/½ oz de fermento fresco ou 20 ml/4 colheres de chá de fermento seco

5 ml/1 colher de chá de açúcar em pó (superfino)

300 ml/½ pt/1¼ xícara de leite morno

50 g/2 onças/¼ xícara de manteiga ou margarina

450 g/1 lb/4 xícaras de farinha simples forte (para pão).

Pitada de sal

1 gema de ovo

30 ml/2 colheres de sopa de sementes de papoila

Misture o fermento com o açúcar e um pouco de leite morno e deixe em local morno por 20 minutos para espumar. Esfregue a manteiga ou margarina na farinha e sal e faça um buraco no meio. Adicione o fermento, o leite morno restante e a gema de ovo e misture uma massa lisa. Sove até que a massa fique elástica e não grude mais. Coloque em uma tigela untada com óleo, cubra com filme plástico untado com óleo (filme plástico) e deixe em local quente por cerca de 1 hora para dobrar de tamanho.

Sove ligeiramente a massa e corte-a em 12 pedaços. Enrole cada um em uma tira de cerca de 15 cm de comprimento e enrole em um anel. Coloque em uma assadeira untada (biscoitos), cubra e deixe crescer por 15 minutos.

Leve uma panela grande de água para ferver e reduza o fogo para ferver. Coloque o anel em água fervente e cozinhe por 3 minutos, vire uma vez, retire e coloque em uma assadeira (biscoito). Continue com os bagels restantes. Polvilhe os bagels com sementes de papoula e asse em forno pré-aquecido a 230°C/450°F/gás marca 8 por 20 minutos até dourar.

Baps

Faça 12

25g/1oz de fermento fresco ou 40ml/2½ colheres de sopa de fermento seco

5 ml/1 colher de chá de açúcar em pó (superfino)

150 ml/¼ pt/2/3 xícara de leite morno

50 g/2 onças/¼ xícara de banha (redução de gordura)

450 g/1 lb/4 xícaras de farinha simples forte (para pão).

5 ml/1 colher de chá de sal

150 ml/¼ pt/2/3 xícara de água morna

Misture o fermento com o açúcar e um pouco de leite morno e deixe em local morno por 20 minutos para espumar. Esfregue a banha na farinha, acrescente o sal e faça um buraco no meio. Adicione o fermento, o leite restante e a água e misture uma massa macia. Amasse até ficar elástico e não pegajoso. Coloque em uma tigela untada com óleo e cubra com filme plástico untado com óleo (filme plástico). Deixe em um lugar quente até dobrar de tamanho, cerca de 1 hora.

Modele a massa em 12 pãezinhos e coloque em uma assadeira untada. Deixe crescer por 15 minutos.

Asse em forno pré-aquecido a 230°C/450°F/temperatura do gás 8 por 15-20 minutos, até crescer bem e dourar.

Pão De Cevada Cremoso

Faz um pão de 900g/2lb

15 g/½ oz de fermento fresco ou 20 ml/4 colheres de chá de fermento seco

Uma pitada de açúcar

350 ml/12 fl oz/1½ xícaras de água morna

400g/14oz/3½ xícaras de farinha simples forte (para pão).

175 g/6 onças/1½ xícaras de farinha de cevada

Pitada de sal

45ml/3 colheres de sopa de creme simples (leve)

Misture o fermento com o açúcar e um pouco de água morna e deixe em local morno por 20 minutos para espumar. Misture a farinha e o sal em uma tigela, adicione a mistura de fermento, creme e a água restante e misture uma massa firme. Sove até ficar homogêneo e não mais pegajoso. Coloque em uma tigela untada com óleo, cubra com filme plástico untado com óleo (filme plástico) e deixe em local quente por cerca de 1 hora para dobrar de tamanho.

Amasse levemente novamente, depois molde em uma forma untada de 900g/2lb (assadeira), tampe e deixe em um lugar quente por 40 minutos para permitir que a massa cresça acima do topo da forma.

Asse em forno pré-aquecido a 220°C/425°F/gás marca 7 por 10 minutos, depois reduza a temperatura do forno para 190°C/375°F/gás marca 5 e asse por mais 25 minutos até dourar e oco . - som ao bater na base.

pão de cerveja

Faz um pão de 900g/2lb

450 g/1 lb/4 xícaras de farinha com fermento

5 ml/1 colher de chá de sal

350 ml/12 fl oz/1½ xícaras de cerveja

Misture os ingredientes em uma massa lisa. Forre uma forma de pão de 900g/2lb untada, cubra e deixe crescer em local morno por 20 minutos. Asse em forno pré-aquecido a 190°C/375°F/gás marca 5 por 45 minutos, até dourar e ficar oco quando bater no fundo.

Pão integral de Boston

Rende três pães de 450g/1lb

100 g/4 onças/1 xícara de farinha de centeio

100 g/4 onças/1 xícara de farinha de milho

100 g/4 onças/1 xícara de farinha de trigo integral (trigo integral)

5 ml/1 colher de chá de bicarbonato de sódio (bicarbonato de sódio)

5 ml/1 colher de chá de sal

250 g/9 oz/¾ xícara de xarope de melaço preto (melaço)

500 ml/16 fl oz/2 xícaras de leitelho

175 g/6 onças/1 xícara de passas

Misture os ingredientes secos, depois misture o xarope de melaço, o leitelho e as passas e misture até formar uma massa macia. Coloque a mistura em três formas de pudim de 450g/1lb untadas, cubra com papel manteiga untado (encerado) e papel alumínio e amarre com barbante para fechar os topos. Coloque em uma panela grande e encha com água quente suficiente para chegar até a metade das laterais da panela. Ferva a água, tampe a panela e deixe ferver por 2 horas e meia, adicionando água fervente se necessário. Retire as tigelas da assadeira e deixe esfriar um pouco. Sirva quente com manteiga.

Vasos de flores de farelo

fazer 3

25g/1oz de fermento fresco ou 40ml/2½ colheres de sopa de fermento seco

5 ml/1 colher de chá de açúcar

600 ml/1 pt/2½ xícaras de água morna

675 g/1½ lb/6 xícaras de farinha de trigo integral

25 g/1 oz/¼ xícara de farinha de soja

5 ml/1 colher de chá de sal

50 g/2 onças/1 xícara de farelo

Leite para cobertura

45 ml/3 colheres de sopa de trigo triturado

Você precisará de três vasos de flores de barro novos e limpos de 13 cm/5,5 cm. Unte bem e leve ao forno quente por 30 minutos para não estourar.

Misture o fermento com o açúcar e um pouco de água morna e deixe fazer espuma. Misture a farinha, o sal e o farelo e faça um buraco no meio. Misture água morna e mistura de fermento e amasse uma massa firme. Vire para uma superfície enfarinhada e amasse por cerca de 10 minutos até ficar homogêneo e elástico. Outra opção é fazer isso em um processador de alimentos. Coloque a massa em uma tigela limpa, cubra com filme plástico untado com óleo (filme plástico) e deixe crescer em local morno por cerca de 1 hora até dobrar de volume.

Vire para uma superfície enfarinhada e amasse novamente por 10 minutos. Forme três vasinhos de flores untados, cubra e deixe crescer por 45 minutos, para que a massa suba acima dos potes.

Pincele a massa com leite e polvilhe com cereais triturados. Asse em forno pré-aquecido a 230°C/450°F/gás marca 8 por 15 minutos. Reduza a temperatura do forno para 200°C/400°F/gás marca 6 e asse por mais 30 minutos até que esteja bem crescido e firme. Retire e deixe esfriar.

Pãezinhos de manteiga

Faça 12

450g/1lb massa de pão branco básico

100g/4oz/½ xícara de manteiga ou margarina, em cubos

Faça a massa do pão e deixe crescer até dobrar de tamanho e elástica ao toque.

Sove a massa novamente e misture a manteiga ou margarina. Forme 12 bolinhos e coloque-os bem separados em uma assadeira untada (biscoito). Cubra com filme plástico untado com óleo (filme plástico) e deixe crescer em local morno por cerca de 1 hora até dobrar de volume.

Asse em forno pré-aquecido a 230°C/450°F/gás marca 8 por 20 minutos, até dourar e ficar oco quando bater no fundo.

pão de leitelho

Rende um pão de 675g/1½lb

450 g/1 lb/4 xícaras de farinha comum (para todos os fins)

5 ml/1 colher de chá de ácido tartárico

5 ml/1 colher de chá de bicarbonato de sódio (bicarbonato de sódio)

250 ml/8 fl oz/1 xícara de leitelho

Misture a farinha, o creme de vinho e o fermento em uma tigela e faça um buraco no meio. Misture leitelho suficiente para fazer uma massa macia. Forme um círculo e coloque em uma assadeira untada. Asse em forno pré-aquecido a 220°C/425°F/gás marca 7 por 20 minutos, até crescer bem e dourar.

pão de milho canadense

Rende um pão de 23 cm/9

150g/5oz/1¼ xícaras de farinha comum (para todos os fins)

75 g/3 onças/¾ xícara de farinha de milho

15 ml/1 colher de sopa de fermento em pó

2,5 ml/½ colher de chá de sal

100 g/4 onças/1/3 xícara de xarope de bordo

100 g/4 onças/½ xícara de banha (banha encurtada), processada

2 ovos, batidos

Combine os ingredientes secos, acrescente a calda, a gordura vegetal e os ovos e misture bem. Despeje em uma forma untada de 23cm/9 (assadeira) e asse em forno pré-aquecido a 220°C/425°F/gás marca 7 por 25 minutos, até crescer bem e dourar e começar a encolher nas laterais. de estanho.

pãezinhos da Cornualha

Faça 12

25g/1oz de fermento fresco ou 40ml/2½ colheres de sopa de fermento seco

15 ml/1 colher de sopa de açúcar (superfino).

300 ml/½ pt/1¼ xícara de leite morno

50 g/2 onças/¼ xícara de manteiga ou margarina

450 g/1 lb/4 xícaras de farinha simples forte (para pão).

Pitada de sal

Misture o fermento com o açúcar e um pouco de leite morno e deixe em local morno por 20 minutos para espumar. Esfregue a manteiga ou margarina na farinha e sal e faça um buraco no meio. Adicione o fermento e o leite restante e misture uma massa macia. Amasse até ficar elástico e não pegajoso. Coloque em uma tigela untada com óleo e cubra com filme plástico untado com óleo (filme plástico). Deixe em um lugar quente até dobrar de tamanho, cerca de 1 hora.

Modele a massa em 12 pãezinhos e coloque em uma assadeira untada. Cubra com papel alumínio untado com óleo e deixe crescer por 15 minutos.

Asse em forno pré-aquecido a 230°C/450°F/temperatura do gás 8 por 15-20 minutos, até crescer bem e dourar.

Pão do campo

Faz seis pães pequenos

10 ml/2 colheres de chá de fermento seco

15 ml/1 colher de sopa de mel puro

120 ml/4 fl oz/½ xícara de água morna

350g/12oz/3 xícaras de farinha de trigo comum (pão)

5 ml/1 colher de chá de sal

50 g/2 onças/¼ xícara de manteiga ou margarina

5 ml/1 colher de chá de sementes de cominho

5 ml/1 colher de chá de coentro moído

5 ml/1 colher de chá de cardamomo moído

120 ml/4 fl oz/½ xícara de leite morno

60 ml/4 colheres de sopa de sementes de sésamo

Misture o fermento e o mel com 45ml/3 colheres de sopa de água morna e 15ml/1 colher de sopa de farinha e deixe em local aquecido por cerca de 20 minutos para formar espuma. Misture a farinha restante com sal, depois passe a manteiga ou margarina e misture os cominhos, coentros e cardamomo e faça um buraco no meio. Misture o fermento, a água restante e o leite suficiente para fazer uma massa lisa. Amasse bem até ficar firme e não mais pegajoso. Coloque em uma tigela untada com óleo, cubra com filme plástico untado com óleo (filme plástico) e deixe em um lugar quente por cerca de 30 minutos para dobrar de tamanho.

Sove a massa novamente e, em seguida, modele-a em planos. Coloque em uma assadeira untada (biscoitos) e cubra com leite. Polvilhe com gergelim. Cubra com papel alumínio untado com óleo e deixe crescer por 15 minutos.

Asse em forno pré-aquecido a 200°C/400°F/temperatura do gás 6 por 30 minutos até dourar.

Trança de papoula country

Faz um pão de 450g/1lb

275g/10oz/2½ xícaras de farinha comum (para todos os fins)

25g/1oz/2 colheres de sopa de açúcar refinado (superfino)

5 ml/1 colher de chá de sal

10ml/2 colheres de chá de fermento seco para facilitar a mistura

175 ml/6 fl oz/¾ xícara de leite

25 g/1 oz/2 colheres de sopa de manteiga ou margarina

1 ovo

Um pouco de leite ou clara de ovo para a cobertura

30 ml/2 colheres de sopa de sementes de papoila

Misture a farinha, o açúcar, o sal e o fermento. Aqueça o leite com manteiga ou margarina, depois misture a farinha e o ovo e amasse uma massa firme. Amasse até ficar elástico e não pegajoso.
Coloque em uma tigela untada com óleo, cubra com filme plástico untado com óleo (filme plástico) e deixe em local quente por cerca de 1 hora para dobrar de tamanho.

Amasse novamente e forme três formas de salsicha com cerca de 20cm de comprimento. Molhe uma ponta de cada tira e prenda-as juntas, depois trance as tiras juntas, molhe e cole as pontas.
Colocar num tabuleiro untado (para bolachas), cobrir com película aderente untada com óleo e deixar levedar cerca de 40 minutos até duplicar de volume.

Pincele com leite ou clara de ovo e polvilhe com sementes de papoila. Asse em forno pré-aquecido a 190°C/375°F/gás marca 5 por cerca de 45 minutos até dourar.

Pão de trigo integral do país

Rende dois pães de 450g/1lb

20 ml/4 colheres de chá de fermento seco

5 ml/1 colher de chá de açúcar em pó (superfino)

600 ml/1 pt/2½ xícaras de água morna

25g/1 oz/2 colheres de sopa de gordura vegetal (gordura)

800 g/1¾ lb/7 xícaras de farinha de trigo integral

10 ml/2 colheres de chá de sal

10 ml/2 colheres de chá de extrato de malte

1 ovo, batido

25 g/1 oz/¼ xícara de trigo rachado

Misture o fermento com o açúcar e um pouco de água morna e deixe espumar por cerca de 20 minutos. Esfregue a gordura na farinha, sal e extrato de malte e faça um buraco no meio. Misture o fermento e a água morna restante e misture em uma massa macia. Amasse bem para que fique elástico e não pegajoso. Coloque em uma tigela untada com óleo, cubra com filme plástico untado com óleo (filme plástico) e deixe em local quente por cerca de 1 hora para dobrar de tamanho.

Sove a massa novamente e modele em duas formas de pão de 450g untadas. Deixe crescer em local quente por cerca de 40 minutos, até que a massa suba um pouco acima do topo das formas.

Pincele generosamente a parte superior dos pães com ovo e polvilhe com trigo triturado. Asse em forno pré-aquecido a 230°C/450°F/gás marca 8 por cerca de 30 minutos, até dourar e ficar oco quando batido no fundo.

tranças curry

Rende dois pães de 450g/1lb

120 ml/4 fl oz/½ xícara de água morna

30 ml/2 colheres de sopa de fermento seco

225 g/8 onças/2/3 xícara de mel puro

25 g/1 oz/2 colheres de sopa de manteiga ou margarina

30ml/2 colheres de sopa de caril em pó

675 g/1½ lb/6 xícaras de farinha comum (para todos os fins)

10 ml/2 colheres de chá de sal

450 ml/¾ pt/2 xícaras de leitelho

1 ovo

10 ml/2 colheres de chá de água

45 ml/3 colheres de sopa de amêndoas laminadas

Misture a água com o fermento e 5ml/1 colher de chá de mel e deixe descansar por 20 minutos até formar uma espuma. Derreta a manteiga ou margarina, misture o curry e cozinhe em fogo baixo por 1 minuto. Misture o mel restante e retire do fogo. Coloque metade da farinha e o sal em uma tigela e faça um buraco no meio. Adicione a mistura de fermento, a mistura de mel e o leitelho e adicione gradualmente a farinha restante à massa macia enquanto mistura. Amasse até ficar homogêneo e elástico. Coloque em uma tigela untada com óleo, cubra com filme plástico untado com óleo e deixe em um lugar quente por cerca de 1 hora para dobrar de tamanho.

Sove novamente e divida a massa ao meio. Corte cada pedaço em três e abra a 20cm/8 em forma de salsicha. Umedeça uma extremidade de cada tira e junte-as em dois conjuntos de três para selar. Trance os dois conjuntos de tiras e cole as pontas. Coloque em uma assadeira untada (biscoitos), cubra com papel alumínio untado com óleo (filme plástico) e deixe crescer por cerca de 40 minutos até dobrar de tamanho.

Bata os ovos com água e pincele os pãezinhos com um pincel, depois polvilhe com as amêndoas. Asse em forno pré-aquecido a 190°C/375°F/gás marca 5 por 40 minutos, até dourar e ficar oco quando bater no fundo.

Devon divide

Faça 12

25g/1oz de fermento fresco ou 40ml/2½ colheres de sopa de fermento seco

5 ml/1 colher de chá de açúcar em pó (superfino)

150 ml/¼ pt/2/3 xícara de leite morno

50 g/2 onças/¼ xícara de manteiga ou margarina

450 g/1 lb/4 xícaras de farinha simples forte (para pão).

150 ml/¼ pt/2/3 xícara de água morna

Misture o fermento com o açúcar e um pouco de leite morno e deixe em local morno por 20 minutos até fazer espuma. Esfregue a manteiga ou margarina na farinha e faça um buraco no meio. Adicione o fermento, o leite restante e a água e misture uma massa macia. Amasse até ficar elástico e não pegajoso. Coloque em uma tigela untada com óleo e cubra com filme plástico untado com óleo (filme plástico). Deixe em um lugar quente até dobrar de tamanho, cerca de 1 hora.

Modele a massa em 12 pãezinhos e coloque em uma assadeira untada. Deixe crescer por 15 minutos.

Asse em forno pré-aquecido a 230°C/450°F/gás marca 8 por 15-20 minutos, até crescer bem e dourar.

Pão com gérmen de trigo de frutas

Faz um pão de 900g/2lb

225 g/8 onças/2 xícaras de farinha comum (para todos os fins)

5 ml/1 colher de chá de sal

5 ml/1 colher de chá de bicarbonato de sódio (bicarbonato de sódio)

5 ml/1 colher de chá de fermento em pó

175 g/6 onças/1½ xícaras de gérmen de trigo

100 g/4 onças/1 xícara de farinha de milho

100 g/4 onças/1 xícara de farinha de aveia

350 g/12 onças/2 xícaras de sultanas (passas douradas)

1 ovo, levemente batido

250 ml/8 fl oz/1 xícara de iogurte natural

150 ml/¼ pt/2/3 xícara de xarope de melaço preto (melaço)

60ml/4 colheres de sopa de xarope dourado (milho light)

30 ml/2 colheres de sopa de óleo

Misture os ingredientes secos e as sultanas e faça um buraco no meio. Misture o ovo, o iogurte, o xarope de melaço e o óleo, depois misture aos ingredientes secos e misture até obter uma massa macia. Forre uma forma untada de 900g/2lb (assadeira) e asse em forno pré-aquecido a 180°C/350°F/gás marca 4 por 1 hora, até ficar firme ao toque. Deixe esfriar na forma por 10 minutos antes de desenformar sobre uma grade para esfriar.

Tranças de leite de frutas

Rende dois pães de 450g/1lb

15 g/½ oz de fermento fresco ou 20 ml/4 colheres de chá de fermento seco

5 ml/1 colher de chá de açúcar em pó (superfino)

450 ml/¾ pt/2 xícaras de leite morno

50 g/2 onças/¼ xícara de manteiga ou margarina

675 g/1½ lb/6 xícaras de farinha comum (para todos os fins)

Pitada de sal

100 g/4 onças/2/3 xícara de passas

25 g/1 oz/3 colheres de sopa de groselha

25 g/1 oz/3 colheres de sopa de casca mista picada (cristalizada)

leite cristalizado

Misture o fermento com o açúcar e um pouco de leite morno. Deixe repousar em um lugar quente por cerca de 20 minutos até formar espuma. Esfregue manteiga ou margarina na farinha e sal, misture as passas, groselhas e cascas mistas e faça um buraco no meio. Misture o leite morno restante e o fermento e amasse uma massa macia, mas não pegajosa. Coloque em uma tigela untada com óleo e cubra com filme plástico untado com óleo (filme plástico). Deixe em um lugar quente até dobrar de tamanho, cerca de 1 hora.

Amasse um pouco novamente e divida ao meio. Divida cada metade em três e enrole em formas de salsicha. Umedeça uma ponta de cada rolo e pressione suavemente os três juntos, depois trance a massa, umedeça e prenda as pontas. Repita com a outra trança de massa. Coloque em uma assadeira untada (biscoitos), cubra com filme plástico untado com óleo (filme plástico) e deixe crescer por cerca de 15 minutos.

Pincele com um pouco de leite e asse em forno pré-aquecido a 200°C/400°F/gás marca 6 por 30 minutos, até dourar e ficar oco quando bater no fundo.

pão de arame

Rende dois pães de 900g/2lb

25g/1oz de fermento fresco ou 40ml/2½ colheres de sopa de fermento seco

5 ml/1 colher de chá de mel

450 ml/¾ pt/2 xícaras de água morna

350 g/12 onças/3 xícaras de farinha de trigo integral

350 g/12 onças/3 xícaras de farinha de trigo integral (trigo integral)

15 ml/1 colher de sopa de sal

15 g/½ oz/1 colher de sopa de manteiga ou margarina

Misture o fermento com o mel e um pouco de água morna e deixe em local aquecido por cerca de 20 minutos para espumar. Misture a farinha e o sal e esfregue na manteiga ou margarina. Misture a mistura de fermento e água morna suficiente para fazer uma massa lisa. Amasse em uma superfície levemente enfarinhada até ficar homogêneo e não mais pegajoso. Coloque em uma tigela untada com óleo, cubra com filme plástico untado com óleo (filme plástico) e deixe em local quente por cerca de 1 hora para dobrar de tamanho.

Amasse novamente e molde em duas formas de pão de 900g/2lb untadas. Cubra com papel alumínio untado com óleo e deixe crescer até que a massa chegue ao topo das formas.

Asse em forno pré-aquecido a 220°C/425°F/gás marca 7 por 25 minutos, até dourar e ficar oco quando bater no fundo.

rolos de celeiro

Faça 12

15 g/½ oz de fermento fresco ou 20 ml/2½ colheres de sopa de fermento seco

5 ml/1 colher de chá de açúcar em pó (superfino)

300 ml/½ pt/1¼ xícara de água morna

450 g/1 lb/4 xícaras de farinha de trigo integral

5 ml/1 colher de chá de sal

5 ml/1 colher de sopa de extrato de malte

30 ml/2 colheres de sopa de trigo triturado

Misture o fermento com o açúcar e um pouco de água morna e deixe em local aquecido até formar espuma. Misture a farinha e o sal, depois acrescente a mistura de fermento, a água morna restante e o extrato de malte. Sove em uma superfície levemente enfarinhada até ficar homogêneo e elástico. Coloque em uma tigela untada com óleo, cubra com filme plástico untado com óleo (filme plástico) e deixe em local quente por cerca de 1 hora para dobrar de tamanho.

Sove levemente, depois faça rolinhos e coloque em uma assadeira untada (biscoitos). Cubra com água e polvilhe com trigo triturado. Cubra com filme plástico untado com óleo e deixe em local aquecido por cerca de 40 minutos para dobrar de tamanho.

Asse em forno pré-aquecido a 220°C/425°F/gás marca 7 por 10-15 minutos até que pareça oco quando batido no fundo.

Pão de Arame com Avelãs

Faz um pão de 900g/2lb

15 g/½ oz de fermento fresco ou 20 ml/4 colheres de chá de fermento seco

5 ml/1 colher de chá de açúcar mascavo

450 ml/¾ pt/2 xícaras de água morna

450 g/1 lb/4 xícaras de farinha de trigo integral

175g/6oz/1½ xícaras de farinha de trigo (para pão).

5 ml/1 colher de chá de sal

15 ml/1 colher de sopa de azeite

100 g/4 onças/1 xícara de avelãs, picadas grosseiramente

Misture o fermento com o açúcar e um pouco de água morna e deixe em local morno por 20 minutos para espumar. Misture a farinha e o sal em uma tigela, adicione o fermento, o óleo e a água morna restante e misture uma massa firme. Sove até ficar homogêneo e não mais pegajoso. Coloque em uma tigela untada com óleo, cubra com filme plástico untado com óleo (filme plástico) e deixe em local quente por cerca de 1 hora para dobrar de tamanho.

Amasse levemente novamente e dobre as nozes, em seguida, molde em uma forma de pão de 900g / 2lb untada (assadeira), cubra com filme plástico untado e deixe em local quente por 30 minutos para permitir que a massa suba acima do topo da forma .

Asse em forno pré-aquecido a 220°C/425°F/gás marca 7 por 30 minutos, até dourar e ficar oco quando bater no fundo.

Palitos de pão

Faça 12

25g/1oz de fermento fresco ou 40ml/2½ colheres de sopa de fermento seco

15 ml/1 colher de sopa de açúcar (superfino).

120 ml/4 fl oz/½ xícara de leite morno

25 g/1 oz/2 colheres de sopa de manteiga ou margarina

450 g/1 lb/4 xícaras de farinha simples forte (para pão).

10 ml/2 colheres de chá de sal

Misture o fermento com 5 ml/1 colher de chá de açúcar e um pouco de leite morno e deixe em local morno por 20 minutos para espumar. Dissolva a manteiga e o açúcar restante no leite morno restante. Coloque a farinha e o sal em uma tigela e faça um buraco no meio. Despeje a mistura de fermento e leite e misture para fazer uma massa úmida. Amasse até ficar homogêneo. Coloque em uma tigela untada com óleo, cubra com filme plástico untado com óleo (filme plástico) e deixe em local quente por cerca de 1 hora para dobrar de tamanho.

Amasse ligeiramente, depois divida em 12 e enrole em palitos longos e finos, que são colocados bem separados em uma assadeira untada (biscoitos). Cubra com papel alumínio untado com óleo e deixe crescer em local morno por 20 minutos.

Pincele as baguetes com água e leve ao forno pré-aquecido a 220°C/425°F/gás marca 7 por 10 minutos, depois reduza a temperatura do forno para 180°C/350°F/gás marca 4 e asse por um tempo . mais 20 minutos até ficar crocante.

Trança de colheita

Faz um pão de 550g/1¼lb

25g/1oz de fermento fresco ou 40ml/2½ colheres de sopa de fermento seco

25g/1oz/2 colheres de sopa de açúcar refinado (superfino)

150 ml/¼ pt/2/3 xícara de leite morno

50 g/2 onças/¼ xícara de manteiga ou margarina, derretida

1 ovo, batido

450 g/1 lb/4 xícaras de farinha comum (para todos os fins)

Pitada de sal

30 ml/2 colheres de sopa de groselha

2,5 ml/½ colher de chá de canela em pó

5 ml/1 colher de chá de casca de limão ralada

leite cristalizado

Misture o fermento com 2,5 ml/½ colher de chá de açúcar e um pouco de leite morno e deixe em local morno por cerca de 20 minutos para espumar. Misture o leite restante com a manteiga ou margarina e deixe esfriar um pouco. Misture o ovo. Coloque os ingredientes restantes em uma tigela e faça um buraco no meio. Misture a mistura de leite e fermento e misture em uma massa macia. Amasse até ficar elástico e não pegajoso. Coloque em uma tigela untada com óleo e cubra com filme plástico untado com óleo (filme plástico). Deixe em um lugar quente até dobrar de tamanho, cerca de 1 hora.

Divida a massa em três e enrole em tiras. Molhe uma ponta de cada tira e cole as pontas juntas, depois trance-as e molhe e prenda as outras pontas. Coloque em uma assadeira untada (biscoitos), cubra com papel alumínio untado e deixe em local aquecido por 15 minutos.

Pincele com um pouco de leite e asse em forno pré-aquecido a 220°C/425°F/gás marca 7 por 15-20 minutos, até dourar e ficar oco quando bater no fundo.

pão de leite

Rende dois pães de 450g/1lb

15 g/½ oz de fermento fresco ou 20 ml/4 colheres de chá de fermento seco

5 ml/1 colher de chá de açúcar em pó (superfino)

450 ml/¾ pt/2 xícaras de leite morno

50 g/2 onças/¼ xícara de manteiga ou margarina

675 g/1½ lb/6 xícaras de farinha comum (para todos os fins)

Pitada de sal

leite cristalizado

Misture o fermento com o açúcar e um pouco de leite morno. Deixe repousar em um lugar quente por cerca de 20 minutos até formar espuma. Esfregue a manteiga ou margarina na farinha e sal e faça um buraco no meio. Misture o leite morno restante e o fermento e amasse uma massa macia, mas não pegajosa. Coloque em uma tigela untada com óleo e cubra com filme plástico untado com óleo (filme plástico). Deixe em um lugar quente até dobrar de tamanho, cerca de 1 hora.

Amasse levemente novamente, depois divida a mistura entre duas formas de bolo inglês de 450g/1lb untadas, cubra com filme plástico untado e deixe crescer por cerca de 15 minutos até que a massa fique um pouco acima do topo das formas.

Pincele com um pouco de leite e asse em forno pré-aquecido a 200°C/400°F/gás marca 6 por 30 minutos, até dourar e ficar oco quando bater no fundo.

Pão de Leite

Rende dois pães de 450g/1lb

15 g/½ oz de fermento fresco ou 20 ml/4 colheres de chá de fermento seco

5 ml/1 colher de chá de açúcar em pó (superfino)

450 ml/¾ pt/2 xícaras de leite morno

50 g/2 onças/¼ xícara de manteiga ou margarina

675 g/1½ lb/6 xícaras de farinha comum (para todos os fins)

Pitada de sal

100 g/4 onças/2/3 xícara de passas

leite cristalizado

Misture o fermento com o açúcar e um pouco de leite morno. Deixe repousar em um lugar quente por cerca de 20 minutos até formar cspuma. Esfregue manteiga ou margarina na farinha e sal, misture as passas e faça um buraco no meio. Misture o leite morno restante e o fermento e amasse uma massa macia, mas não pegajosa. Coloque em uma tigela untada com óleo e cubra com filme plástico untado com óleo (filme plástico). Deixe em um lugar quente até dobrar de tamanho, cerca de 1 hora.

Amasse levemente novamente, depois divida a mistura entre duas formas de bolo inglês de 450g/1lb untadas, cubra com filme plástico untado e deixe crescer por cerca de 15 minutos até que a massa fique um pouco acima do topo das formas.

Pincele com um pouco de leite e asse em forno pré-aquecido a 200°C/400°F/gás marca 6 por 30 minutos, até dourar e ficar oco quando bater no fundo.

pão da manha

Rende dois pães de 450g/1lb

100 g/4 onças/1 xícara de grãos de trigo integral

15 ml/1 colher de sopa de extrato de malte

450 ml/¾ pt/2 xícaras de água morna

25g/1oz de fermento fresco ou 40ml/2½ colheres de sopa de fermento seco

30 ml/2 colheres de sopa de mel puro

25g/1 oz/2 colheres de sopa de gordura vegetal (gordura)

675 g/1½ lb/6 xícaras de farinha de trigo integral

25 g/1 oz/¼ xícara de leite em pó (leite em pó desnatado)

5 ml/1 colher de chá de sal

Mergulhe os grãos de trigo integral e o extrato de malte em água morna durante a noite.

Misture o fermento com um pouco de água morna e 5 ml/1 colher de chá de mel. Deixe em um lugar quente por cerca de 20 minutos até formar espuma. Esfregue a gordura na farinha, no leite em pó e no sal e faça um buraco no meio. Misture a mistura de fermento, o mel restante e a mistura de trigo e misture na massa. Amasse bem até ficar homogêneo e não mais pegajoso. Coloque em uma tigela untada com óleo, cubra com filme plástico untado com óleo (filme plástico) e deixe em local quente por cerca de 1 hora para dobrar de tamanho.

Sove a massa novamente e molde em duas formas de pão de 450 g/1 lb untadas. Cubra com papel alumínio untado com óleo e deixe em local aquecido por 40 minutos, de forma que a massa fique um pouco acima do topo das formas.

Asse em forno pré-aquecido a 200°C/425°F/gás marca 7 por cerca de 25 minutos, até que tenham crescido e soem ocos quando batidos no fundo.

pão de forma

Rende dois pães de 900g/2lb

300g/10oz/2½ xícaras de farinha integral (integral)

300g/10oz/2½ xícaras de farinha comum (para todos os fins)

40ml/2½ colheres de sopa de fermento seco

15 ml/1 colher de sopa de açúcar (superfino).

10 ml/2 colheres de chá de sal

500 ml/17 fl oz/2¼ xícaras de leite morno

2,5 ml/½ colher de chá de bicarbonato de sódio (bicarbonato de sódio)

15 ml/1 colher de sopa de água morna

Misture as farinhas. Meça 350g/12oz/3 xícaras de farinha de trigo em uma tigela e misture o fermento, o açúcar e o sal. Misture o leite e bata em uma mistura firme. Misture o bicarbonato de sódio e a água e misture na massa com a farinha restante. Divida a mistura entre duas formas de pão de 900g/2lb untadas, cubra e deixe crescer por cerca de 1 hora até dobrar de tamanho.

Asse em forno pré-aquecido a 190°C/375°F/gás marca 5 por 1¼ horas, até crescer bem e dourar.

Pão sem levedar

Faz um pão de 900g/2lb

450 g/1 lb/4 xícaras de farinha de trigo integral (trigo integral)

175 g/6 onças/1 ½ xícaras de farinha com fermento (com fermento)

5 ml/1 colher de chá de sal

30 ml/2 colheres de sopa de açúcar em pó (superfino)

450 ml/¾ pt/2 xícaras de leite

20 ml/4 colheres de chá de vinagre

30 ml/2 colheres de sopa de óleo

5 ml/1 colher de chá de bicarbonato de sódio (bicarbonato de sódio)

Misture a farinha, o sal e o açúcar e faça um buraco no meio. Bata o leite, o vinagre, o óleo e o fermento, acrescente aos ingredientes secos e misture até formar uma massa lisa. Forme uma forma untada de 900g/2lb (assadeira) e asse em forno pré-aquecido a 180°C/350°F/gás marca 4 por 1 hora, até dourar e oco quando batido no fundo.

massa de pizza

Suficiente para duas pizzas de 23 cm/9

15 g/½ oz de fermento fresco ou 20 ml/4 colheres de chá de fermento seco

Uma pitada de açúcar

250 ml/8 fl oz/1 xícara de água morna

350 g/12 onças/3 xícaras de farinha comum (para todos os fins)

Pitada de sal

30 ml/2 colheres de sopa de azeite

Misture o fermento com o açúcar e um pouco de água morna e deixe em local morno por 20 minutos para espumar. Misture a farinha com o sal e o azeite e amasse até ficar lisa e não pegajosa. Coloque em uma tigela untada com óleo, cubra com filme plástico untado com óleo (filme plástico) e deixe em local quente por 1 hora para dobrar de tamanho. Amasse novamente e modele como desejar.

Aveia

Faz um pão de 450g/1lb

25g/1oz de fermento fresco ou 40ml/2½ colheres de sopa de fermento seco

5 ml/1 colher de chá de açúcar em pó (superfino)

150 ml/¼ pt/2/3 xícara de leite morno

150 ml/¼ pt/2/3 xícara de água morna

400g/14oz/3½ xícaras de farinha simples forte (para pão).

5 ml/1 colher de chá de sal

25 g/1 oz/2 colheres de sopa de manteiga ou margarina

100 g/4 onças/1 xícara de aveia em flocos média

Misture o fermento e o açúcar com o leite e a água e deixe em local aquecido até formar uma espuma. Misture a farinha e o sal, depois passe a manteiga ou margarina e misture a farinha de aveia. Faça um buraco no meio, despeje o fermento nele e misture a massa macia. Desenforme sobre uma superfície enfarinhada e amasse por 10 minutos até que fique lisa e elástica. Coloque em uma tigela untada com óleo, cubra com filme plástico untado com óleo (filme plástico) e deixe crescer em um lugar quente por cerca de 1 hora até dobrar de tamanho.

Amassamos a massa novamente e depois formamos o pão de sua preferência. Coloque em uma assadeira untada (biscoitos), pincele com um pouco de água, cubra com papel alumínio untado e deixe em local aquecido por cerca de 40 minutos para dobrar de tamanho.

Asse em forno pré-aquecido a 230°C/450°F/gás marca 8 por 25 minutos, até crescer bem e dourar e ficar oco quando bater no fundo.

farinha de aveia

Faça 4

25g/1oz de fermento fresco ou 40ml/2½ colheres de sopa de fermento seco

5 ml/1 colher de chá de mel

300 ml/½ pt/1¼ xícara de água morna

450 g/1 lb/4 xícaras de farinha simples forte (para pão).

50 g/2 onças/½ xícara de aveia em flocos média

2,5 ml/½ colher de chá de fermento em pó

Pitada de sal

25 g/1 oz/2 colheres de sopa de manteiga ou margarina

Misture o fermento com o mel e um pouco de água morna e deixe em local morno por 20 minutos para espumar.

Misture a farinha, a aveia, o fermento e o sal e esfregue na manteiga ou margarina. Misture o fermento e a água morna restante e misture uma massa média e macia. Amasse até ficar elástico e não pegajoso. Coloque em uma tigela untada com óleo, cubra com filme plástico untado com óleo (filme plástico) e deixe em local quente por cerca de 1 hora para dobrar de tamanho.

Amasse levemente novamente e forme um círculo com cerca de 3 cm/1¼ de espessura. Corte em quartos e coloque-os ligeiramente afastados, mas ainda em sua forma redonda original, em uma assadeira untada (biscoitos). Cubra com película aderente untada com óleo e deixe levedar cerca de 30 minutos até duplicar de volume.

Asse em forno pré-aquecido a 200°C/400°F/gás marca 6 por 30 minutos, até dourar e ficar oco quando bater no fundo.

pão de centeio

Faça 6

15 g/½ oz de fermento fresco ou 20 ml/4 colheres de chá de fermento seco

5 ml/1 colher de chá de açúcar em pó (superfino)

300 ml/½ pt/1¼ xícara de água morna

450 g/1 lb/4 xícaras de farinha simples forte (para pão).

5 ml/1 colher de chá de sal

Misture o fermento, o açúcar e um pouco de água morna e deixe em local morno por 20 minutos para espumar. Misture a mistura de fermento e a água morna restante na farinha e sal e misture em uma massa firme. Amasse até ficar homogêneo e elástico. Coloque em uma tigela untada com óleo, cubra com filme plástico untado com óleo (filme plástico) e deixe em local quente por cerca de 1 hora para dobrar de tamanho.

Amasse novamente e divida em seis pedaços. Enrole em ovais com cerca de ¼/5 mm de espessura e coloque em uma assadeira untada. Cubra com filme plástico untado com óleo e deixe crescer por 40 minutos até dobrar de tamanho.

Asse em forno pré-aquecido a 230°C/450°F/gás marca 8 por 10 minutos até dourar.

pão integral rápido

Rende dois pães de 450g/1lb

15 g/½ oz de fermento fresco ou 20 ml/4 colheres de chá de fermento seco

300 ml/½ pt/1¼ xícaras misturadas de leite morno e água

15 ml/1 colher de sopa de melaço

225 g/8 onças/2 xícaras de farinha de trigo integral (trigo integral)

225 g/8 onças/2 xícaras de farinha comum (para todos os fins)

10 ml/2 colheres de chá de sal

25 g/1 oz/2 colheres de sopa de manteiga ou margarina

15 ml/1 colher de sopa de trigo triturado

Misture o fermento com um pouco de leite morno e água e o melaço e deixe em local morno até fazer espuma. Misture a farinha e o sal e esfregue na manteiga ou margarina. Faça um buraco no meio e despeje a mistura de fermento nele e misture até obter uma massa firme. Vire para uma superfície enfarinhada e amasse por 10 minutos até ficar homogêneo e elástico, ou processe em um processador de alimentos. Forme dois pães e coloque em formas de pão de 450g/1lb untadas e enfarinhadas. Pincele a parte superior com água e polvilhe com cereais triturados. Cubra com filme plástico untado com óleo (filme plástico) e deixe em local aquecido até dobrar de tamanho, cerca de 1 hora.

Asse em forno pré-aquecido a 240°C/475°F/gás marca 8 por 40 minutos, até que os pães fiquem ocos quando batidos no fundo.

pão de arroz húmido

Faz um pão de 900g/2lb

75 g/3 onças/1/3 xícara de arroz de grão longo

15 g/½ oz de fermento fresco ou 20 ml/4 colheres de chá de fermento seco

Uma pitada de açúcar

250 ml/8 fl oz/1 xícara de água morna

550 g/1¼ lb/5 xícaras de farinha forte (de pão)

2,5 ml/½ colher de chá de sal

Meça o arroz em um copo e despeje-o na panela. Despeje três vezes a quantidade de água fria, deixe ferver, tampe e deixe ferver por cerca de 20 minutos até que a água seja absorvida. Enquanto isso, misture o fermento com o açúcar e um pouco de água morna e deixe em local morno por 20 minutos para espumar.

Coloque a farinha e o sal em uma tigela e faça um buraco no meio. Misture a mistura de fermento e arroz quente e misture em uma massa macia. Coloque em uma tigela untada com óleo, cubra com filme plástico untado com óleo (filme plástico) e deixe em local quente por cerca de 1 hora para dobrar de tamanho.

Amasse levemente, adicionando um pouco mais de farinha se a massa estiver muito mole para trabalhar, e molde em uma forma untada de 900g/2lb (padaria). Cubra com papel alumínio untado com óleo e deixe em local morno por 30 minutos, para que a massa suba acima do topo da assadeira.

Asse em forno pré-aquecido a 230°C/450°F/gás marca 8 por 10 minutos, depois reduza a temperatura do forno para 200°C/400°F/gás marca 6 e asse por mais 25 minutos, até dourar e oco. - som ao bater na base.

Pão de Arroz e Amêndoa

Faz um pão de 900g/2lb

175 g/6 onças/¾ xícara de manteiga ou margarina, amolecida

175g/6oz/¾ xícara (superfino) de açúcar

3 ovos levemente batidos

100 g / 4 oz / 1 xícara de farinha forte (de pão)

5 ml/1 colher de chá de fermento em pó

Pitada de sal

100 g/4 onças/1 xícara de arroz branqueado

50 g/2 onças/½ xícara de amêndoas moídas

15 ml/1 colher de sopa de água morna

Bata a manteiga ou margarina com o açúcar até obter um creme claro e fofo. Bata os ovos aos poucos, depois acrescente os ingredientes secos e a água até formar uma massa homogênea. Forme uma forma de pão untada de 900g/2lb (assadeira) e asse em forno pré-aquecido a 180°C/350°F/gás marca 4 por 1 hora, até dourar e oco quando bater no fundo.